コミュニケーションを変えればチームが変わる

3人のマネジャーとの対話から探り出す「メンバーの正解」とは?

川村和義

CCCメディアハウス

はじめに

マネジメントに正解はあるのか？


そんな正解探しをしながらの三〇年。

「あのとき、どう言えばよかったんだろう？」

「もっといい接し方はなかったんだろうか？」

夜中にベッドに入っても、いろんな思いがぐるぐる巡る。

「いや、あれでよかったんだよ」と自分を納得させつつも、

「やっぱり、こう言えばよかった」

「こういう接し方があったかも」と悔やむときも少なくない。

正解がないことはわかっているのに、
正しくできているのか？　間違えているのか？　と探してしまう。

ただ、長らくチームづくりをしていく中で、
「マネジメントの悩みのほとんどは、メンバーとのコミュニケーションが原因？」
というところに、ようやく辿り着けた。
だが、また新たな問いが生じた。

メンバーとのコミュニケーションに正解はあるのか？

その答えが、自分一人だけで出せるものとは思えなく、
日々メンバーと向き合っている現役マネジャーの力を借りようと考えた。

そこで本書では、個性もキャリアも異なる三人のマネジャーと僕との
対話というコミュニケーションの中から導き出していきたい。
もちろん、あなたと一緒に。

さて、うまくいくか？

※あっ、僕が何者なのかを伝え忘れましたが、リクルートとプルデンシャル生命にて営業とマネジメントを経験し、現在は営業コンサルタントとして多くの営業パーソンやマネジャー、リーダー層に対して、チームづくりのサポートを行っています。

目次

はじめに …… 001

第一章

ビジネス書での勉強を欠かさない
熱心な
新任マネジャー編

不正解な言葉では、
メンバーとのコミュニケーションはとれない

(一)「ちゃんと報連相してくれよ」で、
〈宝恋創〉になりますか? …… 013

(二)「○○くん、ちょっといいかな?」って、
メンバーを呼びつけていませんか? …… 023

三 「今週の数字はどうなってるの？」って聞いて、どうにかなるんですか？ …… 028
四 「もっとモチベーション高くいこうよ」って、あなたはどうなんですか？ …… 032
五 「全力を尽くしていこうよ」って、それでチームは鼓舞されますか？ …… 037
六 「お客さんの前では礼儀が大切だよ」って、それで実際に礼儀正しくできていますか？ …… 044
七 「指示待ち人間は卒業しようよ」って、誰からの指示を待っているんですか？ …… 051
八 「もっと本音で話そうよ」って、それでメンバーが心を開いてくれますか？ …… 058
第一章の正解と不正解 …… 068

第二章

負けず嫌いで業績も悪くない中堅マネジャー編

不正解な目的では、チームもメンバーも成長を望めない

㊀「勉強会は全員参加させています」その意味ってなんですか？ …… 073

㊁「何度言ったらわかるの!?」それでメンバーが変わってくれますか？ …… 078

㊂「ロープレをしっかりやらせてます」それでメンバー自らがやる文化になっていますか？ …… 084

四 「できるメンバーには一目置いています」それでチームは一つになっていますか？ …… 089
五 「朝のミーティングでは成績のいい人を称賛しています」それだけで盛り上がっていますか？ …… 097
六 「メンバーにはすごく期待しています」そのおかげでお互いしんどくなっていませんか？ …… 105
七 「営業同行の目的は契約を決めてあげることです」それでメンバーは成長していますか？ …… 113
八 「メンバーを管理し、まとめるのがマネジャーの仕事」それで毎日楽しめていますか？ …… 121
第二章の正解と不正解 …… 130

第三章

真面目で
メンバー思いの
ベテランマネジャー編

不正解なマネジメントでは、
リーダーシップは発揮できない

㊀「ビジョンは目立つところに貼っています」
それでメンバーに浸透していますか？……135

㊁「マネジャーとして謙虚でありたい」
その謙虚とはいったいなんですか？……142

㊂「会社の代表はあくまで社長」
メンバーは本当にそう思っているのですか？……148

四 「悪い話こそ、きちんと報告してほしい」
それで偽りのない報告が上がってきていますか？ …… 153
五 「活動管理は細かくやっています」
それはなんのため、誰のためですか？ …… 159
六 「メンバーを守ることこそが私の務めです」
それでメンバーの何が守られるんですか？ …… 168
七 「メンバーの立場で考えるようにはしています」
それで本当にメンバーの気持ちになれていますか？ …… 176
八 「やってほしいことはきちんと伝えています」
それでメンバーは動いてくれていますか？ …… 184
第三章の正解と不正解 …… 198

第四章
三人のマネジャーと、そのメンバーの一年後
変化による違和感の向こうに

(一) 山口さんとの再会 …… 202
(二) 香坂さんからのメール …… 210
(三) 森田さんの会社の社長からの手紙 …… 219

おわりに …… 227

第一章

ビジネス書での勉強を欠かさない熱心な新任マネジャー編

不正解な言葉では、メンバーとのコミュニケーションはとれない

山口さん（二十九歳）マネジャー歴半年

中堅広告代理店のセールスマネジャーとして、六名のメンバーを持つ。

営業マン時代の成績は優秀で、同期の中ではいち早くマネジャーへと昇格したが、メンバーとの意思疎通がうまく図れない。その状況からなんとか脱却しようと、マネジメント関連のビジネス書を手当たり次第に読んでいるが、どのノウハウが正しいのか判断できず、迷子になっている。

セミナーに参加したのをきっかけに、そのメインスピーカーだった川村に、個人コンサルティングを申し込んできた。事前に送られてきたメールには、「どのビジネス書の通りにやってもダメだった」と一〇〇冊近くの読書リストが添えられ、ある問いで締めくくられていた。

「いったい、マネジメントの正解って、なんなんですか？」

一

「ちゃんと報連相してくれよ」で、〈宝恋創〉になりますか？

川村　マネジャーになった途端に、いろいろ悩んでいらっしゃるようですね。
山口　そりゃそうですよ。人をまとめるのって大変ですから。
川村　確かに、大変ですよね。
山口　悩みを挙げ出したらキリがありませんよ。
川村　あらあら、相当お困りのようですね。
山口　もちろんです。困っているからこそ、アドバイスをしてもらいに来たんですから。
川村　ですよね。たとえば、どんな困りごとが？
山口　うちの部下は、まだ基本すらなっていませんから。
川村　あらら、その基本すらなってないとは？
山口　本当にお恥ずかしいんですが、たとえば、日常的によく感じていることですと、部下たちがあまり報連相をしてこないことですかね……。

川村　メンバーからの報告・連絡・相談がない。それでいったい、どんなふうにお困りなんですか？

山口　だって、報連相してくれないと、部下たちの状況もわかりませんし、こちらとしてもやりようがないじゃないですか。

川村　なるほど。メンバーの状況を把握しておかなければ、なにも始まりませんよね。そこは同意しますよ。

山口　でしょ。ほんとにいまの若いやつらは、仕方がないですよ。

川村　いま、若いやつらと言いましたけど、山口さん自身の新人の頃って、どうだったんでしょう。模範的なメンバーとして、上司への報連相は欠かさなかったわけですか？

山口　もちろんです。

川村　それは、上司の方が「みんなちゃんと報連相しろよー！」と口癖のように繰り返していたからですか？

山口　いえいえ、「報連相は大事だぞ」って、最初に配属されたときに言われたくらいでしたけど。

川村　ではなぜ、山口さんはメンバーのとき、きちんと報連相をしていたんでしょう？

山口　えっ、だってそんなの、社会人として、組織に属する人間として当たり前のことじゃないですか。

川村　他のメンバーの方はどうでしたか？

山口　みんな普通にしていましたよ。

川村　すると、報連相をきちんとすることは、会社の風土として定着していたわけですね。

山口　まあ、そうなんでしょうね。新人研修でも叩き込まれましたし、他の部署の細かいことまではわかりませんけど、同期のやつからも、上司に相談したら親身にアドバイスしてもらえたという話は聞いていましたから。

川村　そういう会社だとなると、なおさらのこと……さぞお困りなんでしょうね。

山口　ですから、困ってるんですよ。

川村　いえいえ、僕が言ってるのは山口さんではなく、メンバーのみなさんがさぞかしお困りなんだろうなーってことです。

山口　えっ？　ど、どういうことでしょう？　困ってるのは部下ではなく、私のほうなんです！

川村　ハハハ。まあ、そう熱くならないでください。
山口　……。
川村　一つお聞きしますけど、マネジャーになりたての頃にも、メンバーからの報連相はなかったんですか？
山口　いえ、まあ。思えば、いまのようにまったくないわけではありませんでしたですよね。たとえば、どんな内容でしたか？
川村　ですよね。たとえば、どんな内容でしたか？
山口　えーと、「新規開拓できそうな顧客をどう攻めていけばいいんでしょう」とか、「お客さんのニーズを掘り下げていくにはどうすればいいんでしょうか」とか、「プレゼンの内容はこれで大丈夫でしょうか」とか……。
川村　おー！　素晴らしい相談じゃないですか。とても優秀なメンバーに囲まれているんですねー。
山口　いえいえ。とにかく私は、部下に恵まれていないんです。いまではロクに相談もしてきませんし。
川村　で、先ほどの相談に対して山口さんは、メンバーにどんなアドバイスをしていたんですか？
山口　新規の顧客については「すでにうちの営業マンが何人も行って撃沈してるから、

川村　あんまり深追いするなよ」とか、ニーズの深掘りに関しては「もっと相手の懐に飛び込んでいけよ」とか、プレゼンについては「他社との差別化ができてないからもっとクリエイティブに考えろよ」とか、そんな感じですかね。

山口　そりゃ、頑張ってましたよ。新任マネジャーとして気合いも入っていましたし。ハッハッハッ。なかなか頑張っていたようですね。

川村　あー、その気合いが空回りしていたんですかね。

山口　どういうことでしょう？

川村　せっかく報連相してくれたのに、いまみたいに「深追いするな」「もっと懐に飛び込め」「もっとクリエイティブに」って言うだけの一方通行で終わっていませんか？　メンバーは、具体的なアドバイスがほしくて、報連相をしに来たんじゃないんですかね？

山口　僕なりには、具体的なアドバイスをしたつもりですけど。

川村　僕なりには……ね。そのあたりのことは、またのちほど話しましょう。で、山口さんに考えてほしいんですけど、そもそも、なんのための報連相なんでしたっけ？

山口　えっ、それは現状把握して、メンバーを管理するためじゃないですか。

川村　なるほど、山口さんが管理しやすくするために、報連相をしてほしいわけですか。

山口　まあ、そうなりますかね。

川村　なるほど、山口さんのために、報連相をしろってことですね。

山口　それは、管理する側と、される側として、報連相は最低限しなきゃいけないものですよね。

川村　山口さんは、そうなんですね。ただ、僕の場合、報連相の機会が増えることは、メンバーにとってもマネジャーにとっても、チャンスが増えることなんですけど。

山口　えっ、両方にとってのチャンスが増える？

川村　メンバーに対して「おっ、いいネタ見つけてきたなー。で、どうしたいの？　なぜそう思うの？　どうやったらもっとうまくいくと思う？　うんうん、なるほど。おー、この企画、なかなかいい線いってるなー。さらにちょっとこんな提案も入れてみたらどう？」っていう双方向で、メンバーとマネジャーが一緒に考える機会。そんな絶好のチャンスって、他にありますか。

山口　はあ……。

川村　そしたら、きっとメンバーは、「山口さん、その案いただきます！　また企画書ができあがったら、ぜひもう一度見てください」ってなるんじゃありませんか。

山口　……。

川村　しかもその企画案で、うまく成果に結び付いたら、どうでしょう？　「山口さんのおかげで決まりました！　本当にありがとうございました。ところで、もう一件相談があるんですけど」と、またメンバーからの報連相につながりませんか。

山口　確かに……。

川村　山口さんも読まれていると思いますけど、「報連相は上司からしなさい」って書いてある本、たまにありますよね。あれを否定はしませんけど、そもそも、そうしたいと思えるような上司にだったら、放っておいても先にメンバーのほうから報連相が来るはずなんです。

山口　……。

川村　いや、上司のほうからしたっていいんですよ。でも、そのあとのほうが大事。ちゃんと親身になって、面白がって、楽しく一緒に考えてあげられるかどうか。

山口　でも、商売や売上に結び付かないような話ばかり持ってこられても……。

川村　あ、すると山口さんは、商売や売上に直結する話だけを報連相してほしいということなんですね。

山口　いえ、そういうわけでは……。

川村　結果、あの上司は、商売や売上に直結するネタを持っていかないと話を聞いてくれない、とメンバーは考える。だから、ますます報連相をしなくなってしまうんじゃないですかね？

山口　は、はあ……。

川村　はい。僕が思うには、そんなのは報連相じゃなくて……、ちょっと山口さんのノートをお借りしていいですか。

山口　あっ、もちろんどうぞ。

川村　こんな感じで……、ほら、〈呆憐掃〉になってしまうんじゃないですか。

山口　……。それって、部下から呆れられて、憐れみの目で見られて、掃いて捨てられるってことですか？

川村　ハハハ。なかなかいい勘してますね。山口さんがそうなるとは言いませんけど、その予備軍になっていたとしたらどうですか？

山口　……。

川村　だから、私がお勧めするのは、これ、〈宝恋創〉に置き換えるんです。

山口　〈宝恋創〉？

川村　メンバーは日々、仕事の中で宝探しをしてくれているんです。だけど宝物って、そんなに毎日見つかりますか？　難しいですよね。そんな難しくて大変な仕事を全員がやってくれているんです。

山口　はあ……。

川村　しかも、新人営業メンバーは宝探しの経験が浅いため、せっかく目の前にあるそれが宝物だとは気付かずに、素通りしてしまうことも多い。そんなメンバーに対して、「やったな！　それって宝物かもしれないぞ」とか、「もうちょっとだけ深く掘ってみるか」「縦がダメなら、横は？」「まだまだ磨けるかもよ」「ほら、光ってきた光ってきた」と一緒にワクワクする感じで関わっていく。

山口　でも、川村さんの言う宝物って、要するに数字や売上のことなんでしょ。

川村　ハハハ。ズバリ、正解です。

山口　ほーら、そうじゃないですか。

川村　だけど、数字や売上を上げることの先にあるものって、なんだと思います？

山口 そりゃ、達成感とか、会社への貢献とか。

川村 ですよね。でも、そういう回答をしているうちは、本当の宝物には残念ながら辿り着けないでしょうね。山口さんも、メンバーのみなさんも。

山口 えっ、ど、どうしてですか？

川村 数字や売上が上がるってことは、お客様に喜ばれるってことですよね。ということは、それだけ社会に貢献できたってこと。それは、新しい価値やサービスを創造し、新しいマーケットを通して世の中にまた一つ役立てたってこと。しかも、そのプロセスの中でメンバーと共に成長を実感できる。それって、まさに宝物でしょ。

山口 ……。

川村 その宝探しの最前線にいるのは、現場で直接お客様と向き合っている営業パーソンです。だからこそ、メンバーとの会話の中には、まだ見ぬ宝が転がっているんです。マネジャー自ら話を聞きに行くことも、いわば宝探しなんです。

山口 まだ見ぬ宝が転がっている、ですか……。でも、それって、きれいごとっぽく聞こえてしまうんですが。

川村 いえいえ、ぜんぜんきれいでも美しくもありませんよ。メンバーと一緒になって泥まみれになる覚悟がないとできないことですから。

山口　泥まみれになる覚悟……？

川村　まあ、覚悟の話は、山口さんにはちょっと早すぎるかもしれませんね。

山口　えっ、早すぎるって、どういうことですか！　十分覚悟して、この場に臨んでますよ！

川村　ハハハ。そう慌てないで落ち着いて。のちほど、いましている覚悟の、何倍もの覚悟を山口さんにしていただくことになりますから。

㊁「○○くん、ちょっといいかな？」って、メンバーを呼びつけていませんか？

川村　ところで、山口さんのほうから、メンバーに声をかけることって、よくあるんですか？

山口　もちろんですよ。部下から報連相がないんですから、僕のほうからどんどん行かないと。

川村　ほう、いいじゃないですか。どんなふうにですか？

山口　えっ？　どんなふうにと言いますと？　普通に「○○くん、ちょっといい？」って、私のデスクに呼ぶだけですけど。

川村　普通に？　それが山口さんの普通なんですね。

山口　だって、他にどんなやり方があるんですか？

川村　山口さんはドカッとデスクの前に座ったままで、メンバーは横に立っているわけですか？

山口　いえいえ、この丸椅子に座ってもらいますよ。

川村　そうなんですね……。自分から行くって話でしたけど、呼びつけるってことですね。

山口　……。

川村　一つお聞きしたいんですけど、そもそも山口さんは、どうしてメンバーに「ちょっといい？」って、声をかけるんですか？

山口　えっ、どうしてって、それはもちろん用があるからですけど。

川村　用？　たとえば、どんな用ですか？

山口　それは、もちろん勤怠のこともありますし、最近活動量が減ってるなとか、数字も上がってないしな、とか……。

川村 お小言を言うために、呼びつけるわけですね。

山口 そんなつもりはもちろんありませんけど、メンバーの現状を把握して、私なりのアドバイスをしたいとは思っています。

川村 なるほど。でも、それって唐突だと思いません？ 「ちょっといい？」って呼びつけられるのって、メンバーからしたら、「なに言われるんだろ……」って、身構えちゃいますよね。

山口 ああ、川村さんの言いたいことはわかりました。他の部下たちが見ている前では叱らないで、こっそり会議室とかに呼べってやつですか。

川村 ハハハ。どこかのビジネス書にそう書いてありましたか。

山口 ……。じゃあ、川村さんは、どんなふうに声がけをしてたんですか？

川村 そんな、たいした声がけはしていませんよ。ただ、山口さんとは二つ違いがあります。一つは、僕のデスクに呼びつけるのではなく、自らメンバーのデスクまで行って、隣に座ります。

山口 ……なるほど、自分から行くってことですね。あと一つはなんですか？ 私との違いって？

川村　さっき、どうしてメンバーに声をかけるのかと僕が聞いたとき、山口さんはこう言いましたよね。「もちろん用があるから」って。

山口　はい、それがなにか問題なんですか？

川村　僕の場合は、とくに用事がなくても、声をかけていましたから。

山口　え？　どういうことですか？

川村　「おっ！　山口、今朝はいい顔してるなー。昨日なんかいいことあったの？」とか「山口、昼メシはどこで食べたの？　おっ、天山飯店の肉野菜炒めか。いいねー。お母さん、元気だった？　オレもあとで行こー」って感じかな。

山口　ただの世間話に、なんの意味があるんですか？

川村　意味？　この会話に意味なんて必要ですか。そんなことより、用事があってもなくても、「いつも私はあなたを気に留めていますよ」という意思表示をすること自体が大切なんです。

山口　うーん。そういうのって、むしろメンバーから、ウザいって思われそうなんですけど……。それ、しなきゃダメですか？

川村　ハッハッハッ！

山口　……。

川村 ごめんなさい。ちょっとウケちゃいました。「しなきゃダメですか?」って。別にしなくても、僕は困りませんよ。ただ、山口さんのメンバーたちの困っている現状が変わらないのは残念ですけど。

山口 いやいや、困ってるのは私のほうなんですよ。だから、こうして相談に来てるんじゃないですか。

川村 いえいえ、だから、あなた以上に困っているのは、メンバーだってことなんです。

山口 え、どういうことです?

川村 一つお聞きしますけど、山口さんは、メンバーを「ちょっといい?」って呼んだときの、その場のみんなの空気を感じたり、呼ばれた本人の気持ちを考えたりしたことはありますか?

山口 まあ、多少の緊張感が走っていることくらいはわかっていますけど。

川村 きっと周りのメンバーたちは、こう囁いているんでしょうね。「あーあ、お気の毒様」「火の粉をこっちに飛ばさないでね」「さっ、呼ばれる前に、外出外出」って。

山口 ……。

川村　呼ばれた当の本人も「また恒例のお小言タイムか。せっかくここから巻き返そうと思ってた矢先に……」って。

山口　……。

川村　僕の経験から言っても、「ああ、また始まったよ」と、チーム全体のモチベーションを下げる要因にもなっていることが多い気がします。

山口　えっ？　まさか私がモチベーションを下げてる？　部下のモチベーションを上げるために呼んでるのにですか？

川村　いやいや、まだそうとは決めつけていませんよ。ただ、次の質問をすれば、だいたいのことはわかりますけどね。

③「今週の数字はどうなってるの？」って聞いて、どうにかなるんですか？

山口　早くその質問をお願いします。

川村　はい。メンバーを呼んだときに具体的にはどんな話をするんですか？

山口　もちろん、うちは営業会社ですから、まずは目標に対して数字がどうなってるのかの確認をして、さらに行動管理もやりますよ。

川村　なるほど。それって、どう切り出すんですか？

山口　それは、普通に「今週の数字はどうなってるの？」と聞いていますよ。

川村　それで、「今週は厳しいです」「見込みもまるでありません」って答えだったとき、山口さんはどう応じるんですか？

山口　まあ、週の半ばだったら「あと三日もあるんだから、あきらめるな」とか、週末でしたら「とにかく粘って一件でも決めてこい」って言いますかね。

川村　それでメンバーは、どうなりますか？

山口　もちろん、「最後まであきらめずに追い込みます！」と気合いは入ってるようですけど。

川村　なるほど。それで実際のところ、三日でどうにかなってます？　週末にちゃんと一件決まってくるんですか？

山口　いやいや。結局ダメなことがほとんどですよ。

川村　ですよね。

山口　要は、部下のやつらに危機感が足りないんです。

川村　いえいえ。僕から見ると、むしろ危機感が足りないのは「今週の数字はどう？」って聞く、山口さんのほうだと感じますけど。

山口　えっ、どういうことでしょう？　マネジャーは数字の把握をしなくてもいいと言うんですか？

川村　いやいや、数字の把握も、行動管理も、とっても大事な仕事ですよ。

山口　だったら、なにがいけないんですか？

川村　はい。仮に数字の把握と行動管理が仕事だとしたら、今週の数字をその週の半ばに聞くってどうなんですかね？

山口　えっ、なにが問題なんですか。

川村　そんなに急に数字って上げられます？　山口さんの会社では、そんなに簡単に上がるものなんですか？

山口　いいえ、簡単ではありませんけど……。

川村　僕の経験からすると、仲のいいお客さんのところに行ってお願いセールスするくらいしかないと思うんですが。

山口　……。

川村　だったら、苦しんでいるメンバーに、こう言ってあげたらどうですかね。「きっと、そうだろうと思ってたよ。ちょっと前からしんどそうだったよね。もう今月はあきらめようか。今週、来週の数字は頑張らなくていいよ」って。そしたら、メンバーはどう感じると思いますか？

山口 いえ、言ったことがないので、わかりません……。

川村 もちろん、メンバーも、今週、来週ただ遊んでいていいって話ではないことくらい、わかりますよね。

山口 はあ……。

川村 そこまで言ってあげると、メンバー自ら「今月は足を引っ張ってすみません。でも、来月のスタートダッシュは見ててください。今週、来週でしっかり仕込みますから！」と、前向きになってくれますけどね。

山口 ……。

川村 だから、山口さんが言うべきことはこうなんです。「来月の数字はどうなってる？」

四
「もっとモチベーション高くいこうよ」って、あなたはどうなんですか？

山口　なるほど。川村さんは、メンバーをあまり追い込まない、ユルいマネジメントスタイルだったんですね。さぞメンバーから、人気者でいられたんでしょうね。

川村　ハハハ、そういうやり方しかできないんで。人気者だったかどうかは知りませんけど。

山口　でもそれって、いつも優秀な部下に恵まれていたから、やれたことじゃないんですか？　その点、うちの部下はみんな、もともとモチベーションが低すぎるんですよ。

川村　へえ、そうなんですか？

山口　そうですよ。最近の若いやつらときたら、草食系も多いじゃないですか。

川村　では、一つ質問なんですけど、山口さんの新人の頃はどうだったんですか。毎日毎日、モチベーション全開で頑張っていたんですか？

山口　全開とまではいきませんけど、かなり追い込んでやっていたと思います。

川村　ほぅ。それは、たいしたもんですね。

山口　それはもう、必死でやるしかなかったので。

川村　さすが、同期の中での出世頭は違いますね！

山口　いえいえ、そんなの過去の実績であって、いまの私にはなんの関係もありませんよ。

川村　ハハハ。なかなかカッコよく決めましたね。

山口　……。

川村　しかし山口さん、すごいですね。新人時代から。ちなみに僕が若い営業マンの頃は、どうだったと思います？

山口　それは、モチベーションが高かったことは簡単に想像できますけど。

川村　ハハハ、不良営業マンですよ。「行ってきます！」って元気よく飛び出して、まずいつもの喫茶店に直行です。「モーニング、アイスコーヒーで」って頼んでスポーツ新聞を広げて、一〇時半頃「そろそろやるか〜」ってようやく腰を上げて、ちょこっと数件「こんちはー！」って飛び込み営業をしたら、「今日は早メシだー」ってランチですよ。

山口　……。

川村　午後も数件行きますけど、お客さんのところにいるよりも、喫茶店にいる時間のほうが長かったかな。それで、夕方五時頃会社に「ただいまー」って元気よく帰ったら、上司に「今日はどうだった?」と聞かれて、「頑張ったんですけど成果上がりませんでした」って。それを思い出すと、恥ずかしくもあり、微笑ましくもありますけどね。ハハハハ。

山口　えー!?　そんなにサボってたんですか!

川村　はい。それでも最低限、上司に怒られない程度、仲間に遅れない程度には頑張ってましたけどね。……これって、モチベーション高いですかね。

山口　いえ、まったく高くないです。

川村　それに比べると、山口さんのメンバーは、ずいぶんマトモじゃないですか?

山口　まあ、そう言われますと……。

川村　私自身がそうだったように、いまの若い人たちのモチベーションが低いわけではなく、まだ本当の仕事の面白さや喜びに気付いてなかったり、達成感や感動を味わってなかったりするだけじゃないんですか。

山口　……そうかもしれませんけど……。

川村　それをメンバーのせいだけにしちゃってるマネジャーって、どう思いますか？

山口　はぁ、それは……。

川村　僕の新人時代も、いまの若いメンバーたちも、上司に怒られない程度には頑張るとか、同期と比べて遅れない程度には頑張ろうとする。なぜそうなるかわかりますか？

山口　えっ、なぜですか？

川村　はい、答えは一つ。メンバーが、ビジネスマンとしても営業マンとしても自立していないから。だから、上司の顔色をうかがうことや、同期との相対比較の中でしか頑張り度合いを測れないんです。

山口　……。

川村　そうならないように、山口さんのやるべきことはもうおわかりですよね。

山口　……。自立のために、徹底的にサポートすることですかね。

川村　それが一番大切な仕事じゃないですか。もう明日からは、「部下のモチベーションが低い」なんて嘆くことはなくなりますね。

山口　まあ……、そう言われてしまうと……。

川村　おや？　まだしっくりきませんか。それでは、もう一つ、気になっていることを質問させてもらいます。「部下のモチベーションが低い」と言う前に、山口さんご自身のマネジャーとしてのモチベーションはどうなんですか？

山口　まあ、ボチボチあるほうだと思いますけど。

川村　あるほう？　ほうっていうのは、どういうことですか？

山口　まあ、ソコソコの結果は出してますんで。

川村　いや、ですから、そのボチボチ、ソコソコのモチベーションって、なんなんですか？

山口　いえ、同期マネジャーの連中と比べたらボチボチ……。

川村　はぁ？　同期のマネジャーと比べてって、若手の営業マンたちが同期と比べて勝った負けたと言ってるのと変わりませんよね。それって、どう思います？

山口　そう言われると……、私はむしろ新人の頃のほうが頑張っていたような……。

川村　山口さんがメンバーなら、そういう人のマネジメントを受けたいと思いますか？

山口　いえいえ、そんなチームでは働きたくありません。だって、マネジャーのモチベーション以上に、メンバーのモチベーションが上がることなんてありませんから。

川村　やっと、気付いてくれましたね。いまの職場の現状は、そんな山口さんのモチベーションや考え方が、メンバーに伝染していると言えるんです。

山口　まあ、そこまで言われると……私も逃げ場がなくなるんですけど……。

川村　では、逃げ場をつくってあげましょう。大丈夫ですよ、山口さん。日本中のマネジャーの、ごく当たり前の姿ですから。きっと山口さんの上司の部長や本部長は、「うちのマネジャー、モチベーション低いなー」と嘆いていますから。

山口　……ですかね……。

川村　でも僕は、嘆きもジタバタもしません。だって僕の仕事は、山口さんのようなマネジャーのモチベーションを高めていくことですから。

五　「全力を尽くしていこうよ」って、それでチームは鼓舞されますか？

川村　山口さんからチーム全体に、他にはどんなメッセージを出しているのですか？

山口　メッセージって言われても……。

川村　たとえば、メンバーに口癖のように言ってることって、ありませんか？

山口　それなら、一つあるのは、「全力を尽くしていこう」ってことですかね。

川村　それ、すごく大切なことですよね。いいこと言いますねー、山口さん。

山口　……。だって、全力を出したら、結果も変わってくるじゃないですか。

川村　はい。でも、全力を出す意味って、それだけですか？

山口　えっ。ですから、全力を出したら成長するじゃないですか。

川村　はい。他にはありませんか？

山口　えっ、ですから、全力を出したら、理屈抜きで気持ちいいじゃないですか。

川村　はい。まだなにかありませんか？

山口　まだですか？　……まあ、仕事のあとのビールもおいしくなりますし……。

川村　なるほどー。でもまあ、夏の蒸し暑い日なんかは、サボっててもビールはうまいですけどね。ハハハ。

山口　……。

川村　全力を出すといいことって、本当に他にありませんか？

山口　いえ、僕からは、もうありません……。

川村　そうなんですね。では私から付け足しますが、全力で頑張ってる人って、周りから応援されやすいと思いません？　社内の事務スタッフや先輩・後輩、もちろんマネジャーからも。そしてなにより、仮に能力が同じ営業パーソンが他にもいたとしても、全力で頑張ってる人のほうが、お客さんから「今度もまたあの人にお願いしよう」って思ってもらえる。つまり、自分のファンを獲得できるということなんです。

山口　なるほど……。確かに、全力で頑張ってる人って、知らないうちについ応援しちゃってますね。一つ勉強になりました……。

川村　それは良かったです。いま挙げてもらったことは、営業メンバー自身にとっての、とてもいいことですよね。ところで、メンバーが全力を出してくれることで、マネジャーにとっての、いいこともあるんですけど。

山口　えっ？　私にとってのいいことですか？

川村　はい。山口さんにとっての。

山口　……ええと、チームの業績がアップするってことですかね。

川村　ということは、メンバーが全力さえ出せば、全員がすぐに結果を出せて、山口さんの業績も上がって会社から評価されて、めでたしめでたしというわけですか？

山口　いえ、そんな簡単にいけば苦労はしませんよ。

川村　ですよね。

山口　私にとってのいいことって、なんなのか、早く教えてくださいよ。

川村　ハハハ、そう焦らないでください。山口さんって確か、学生時代は体育会系でしたよね。

山口　ええ、陸上の短距離をやってましたけど。

川村　あっ、ちょうど良かったです。ちなみに一〇〇メートル、何秒くらいだったのですか。

山口　一〇・四一秒が自己ベストでした。まあ、全国大会のランキングで三〇位に入れるか入れないか程度のタイムで、たいしたことありませんよ。

川村　いえいえ、たいしたものじゃないですか。で、たとえば、山口さんが大学の陸上部のコーチだったとして、「私、オリンピックに出たいんです！」って言う選手が入ってきたとします。まず、なにからやりますか？

山口　それは、走りを見てみないと始まりませんからね。身体が温まって準備ができたら、とにかく一本走ってもらいます。

川村　ですよね。そのときって、どう言いますか。「ま、軽く走ってよ」って言います？

山口 いえいえ、「とにかく一本、全力で走ってみて」って言いますよ。

川村 ですよね。でも、どうして全力なんですか？　ボチボチ軽くじゃダメなんですか？

山口 だって、全力で走らないと、どのくらいの実力なのかわからないじゃないですか。

川村 はい、ですよね。じゃあ、全力で走ってもらって、一三秒台だったらどうします？

山口 そんなの、まるで話になりませんよ。「キミには無理だ」ってあきらめさせます。

川村 でも、その選手はどうしてもオリンピックに出たいって、一歩も譲らないんです。そしたら、山口さんはどうしますか？

山口 そんな極端な仮定の話をされても……。

川村 でも、コーチだったら、「どうやったらいいタイムが出せるだろうか？」って考えませんか？　フォームがまるでなってないとか、体力がまるでないとか。で、正しいフォームを教えて、トレーニングさせませんか？

山口 まあ、コーチとしては、当然そうするでしょうね。

川村 それから三か月間、本人はひたすら努力を続けて、また全力で走ってもらったら、今度は一二秒台前半になりました。少しはタイムが良くなりましたけど、後半の伸びが足りないんです。山口さん、どうしますか？

山口 あらためて、基礎体力を徹底的に高めるようなアドバイスをするでしょうね。

川村 はい。本人も山口さんのアドバイス通りに基礎体力づくりに励み、ひたすら走り続けました。それで、また三か月後に全力で走ってもらったら、一一秒台前半になりました。かなりの急ペースで成長していますよね。

山口 まあ、そうですね。

川村 でも、山口さんから見て、まだまだスタートダッシュに勢いがないと感じたとしたら、さらにそのトレーニングを徹底的にさせませんか。

山口 もちろんです。

川村 本人も徹底的にスタートダッシュのトレーニングをして、また全力で走った結果、ついに一一秒を切るまでになりました。これって、選手の努力もさることながら、コーチである山口さんの適切なアドバイスの結果でもありますよね。

山口 まあ、選手とコーチは二人三脚ですからね。

川村 ですよね。山口さん、もう十分にわかってるんじゃないですか？

山口　は、はい。

川村　マネジャーと営業メンバーも同じですよね。

山口　……。

川村　ということは、さっきの選手と同様に、メンバーが全力を出してくれると、なにがいいか、もう、おわかりですよね。

山口　全力を出してもらわない限りは、そのメンバーの課題が見えてこないと……。

川村　やっと気付いてくれましたね。たとえば、山口さんのメンバーで、お客さんの開拓も、悩みのヒアリングも、プレゼンも、ひたすら全力で頑張っているのに、契約にまったく結び付かない人がいたとしたら、なにが課題だと思いますか？

山口　それは、きっとクロージング（商談を契約へ結びつける最終段階）が弱いってことですよね……。そこを徹底的にアドバイスすればいいんじゃないでしょうか。

川村　さすが山口さん、わかってるじゃないですか。

山口　でも、そんなに全力で頑張るメンバーなんて、そうそういませんよ。どうしたら全力を出させられるんですか？

川村　ハハハ。それはのちほど、お話ししますよ。

山口　……。

川村　ただ、ここで一つ言っておくとしたら、トップセールスを育てるってことは、オリンピックの代表選手を育てるのと同じ。それくらい大変なことなんです。だからこそ、僕もメンバーも互いに、それだけの覚悟を持ってやってましたよ。

山口　トップセールスを育てることが、オリンピックの代表選手を育てるのと同じだなんて……。

川村　はい。

山口　レベルの違いを感じすぎて、なんだか悔しいです。

川村　それは良かったです。悔しい気持ちがあるならまだまだ大丈夫ですね。そろそろ、山口さんへのアドバイスも全力モードでいきましょうか。

六

「お客さんの前では礼儀が大切だよ」って、それで実際に礼儀正しくできていますか?

山口　は、はい。私も全力で受けさせてもらいます!

川村　いいですね、その意気です。……あ、いま帰ってきた人、山口さんのメンバーじゃないですか？

山口 ああ、帰ってきたみたいですね。

川村 みたいですねって、ちょっと声がけしなくて大丈夫ですか？

山口 いえいえ、いいんですよ。川村さんのアドバイスに集中することのほうが大事ですから。どうぞ続けてください。

川村 なるほど。そうですか。では、続けますね。

山口 はい、お願いします。

川村 ところで山口さんって、いつもこうなんですか？

山口 えっ、なんのことでしょうか？

川村 さっきも出かけた営業マンがいましたけど、「行ってきます」の声もとくに聞こえませんでしたし、山口さんからの「行ってらっしゃい」の声がけもありませんでしたよね？　いまの「おかえり」も。

山口 まあ、こっちはミーティング中ですし。

川村 いや、オフィスに残っている他のメンバーも、あまり反応してなかったようですけど。

山口 みんな、目の前の仕事に集中していたんじゃないですか。

川村　そうなんですね。山口さんのチームでは、仕事に集中しているときは、挨拶はしなくてもいいと？

山口　そこまでは言ってませんけど、せめてお客さんの前では、しっかり挨拶しろと言っていますよ。

川村　せめてお客さんの前では？

山口　ええ。だって、お客さんからどう見られているか、どう思われているかが、一番大事じゃないですか。

川村　一番かどうかは別として、大事であることは否定しませんよ。

山口　ですから私は、いつもメンバーに言ってるんです。「お客さんの前では礼儀が大事だぞ」って。

川村　お客さんの前では？

山口　はい。

川村　お・客・さ・ん・の・前・で・は？

山口　えっ、なにか問題ありますか？　営業としては大事なことだと思うんですけど。

川村　では、僕から質問させてもらいますけど、「お客さんの前では礼儀が大事だぞ」って山口さんが注意する相手というのは、どんなメンバーですか？

山口　どちらかと言えば、社内にいるときに、礼儀や基本がなってない部下です。

川村　たとえば？

山口　いつも遅刻しがちで、服装もだらしなかったり、挨拶もロクにできなかったりとか……。

川村　なるほど、それはいけませんね。

山口　でしょ。だから、せめてお客さんの前だけでは、ちゃんとさせないとダメじゃないですか。

川村　せめてお客さんの前だけでは、ですか。でも、山口さんが注意したメンバーは、現場で実践できているんですかね？

山口　ちゃんとやってくれているはずだと思うのですが。

川村　はずだと思う……？

山口　まあ、その場を見ているわけではありませんので……。

川村　ですよね。じゃあ、山口さん、ちょっと考えてほしいんですけど。

山口　はい、なんでしょう？

川村　普段、会社の会議に遅刻してばかりいるメンバーが、「私はお客さんの前では一度も遅刻したことがありません！」と言ったら、どう思います？

山口　……。

川村　普段、会社でヨレヨレでシワだらけのシャツやスーツを着ているメンバーが、「私はお客さんの前ではパリッとしています」と言ったら、どうですか？

山口　はぁ……。

川村　普段、会社でどよーんと暗い表情で伏し目がちのメンバーが、「私はお客さんの前では明るく、笑いもとってますよ」と言ったら、その言葉を信じられますか？

山口　そんなこと、絶対に信じられません。

川村　ですよね。「いえ、それでも僕はメンバーを信じます！」と言われたら、どうしようかと思いました。ハハハ。

山口　……。

川村　私がなにを伝えたいか、もうおわかりですよね？

山口　普段きちんとできていないことが、お客様の前でできるわけがない……ということですかね。

川村　はい。会社の仲間たちに対しても、家族や友人に対しても、ご近所付き合いにしても、普段きちんとできていることしか、お客さんの前でもできないのです。

山口　確かに、そうかもしれません……。

川村　僕はマネジャー時代、メンバーにたくさんのことを伝えてきましたが、その中でも最も大切にしてきた言葉があります。ちょっと書きますね。また、ノートいいですか。〈平生〉。へいぜいと読みます。

山口　平生……。

川村　はい。普段の何気ない生活の中に、あなたの実力が出る、という意味です。ですから、「普段の生活の中で実力を磨いていこう。平生を磨こう」を、メンバーたちとの合言葉にしていました。

山口　でも、川村さん。「平生を磨こう」と言葉で言ったくらいで、メンバーたちがすぐにそうしてくれますかね。

川村　山口さん、サラッといま、いいこと言いましたね。

山口　えっ……。

川村　「言葉で言ったくらいでは変わらない」って。本当にその通りなんです。僕もそれで散々悩みました。「なんでメンバーは変わってくれないんだろう?」って。

山口　えっ、川村さんでも、そうだったんですか。

川村　もちろん。「なんで平生を磨いてくれないんだろう?」ということもそうですし、先ほど山口さんが言った「なんで全力を出してくれないんだろう？」とも思っていました。でも、あることに気付いたら、メンバーの意識が少しずつ変わり始めたんです。

山口 あること……。それはなんですか？

川村 山口さんがメンバーだったとして、「平生を磨こう」「全力を出そう」と口うるさく言ってくるマネジャー自身が、普段だらしなくて、適当に手を抜いていたら、どう思いますか？

山口 そんな人の言うことにはなんの説得力もありませんから、誰も言うことなんて聞きませんよね。

川村 ですよね。だから、まずは自分が、誰よりも平生を磨く。誰よりも全力を尽くす。言葉で言うのではなく、手本を見せていくしかない、ということなんです。

山口 ……。

川村 山口さんが毎日、誰よりも平生を磨く。山口さんが毎日、誰よりも全力を出し切る。どうですか。それでもメンバーがまったく変わらないイメージってあります？

山口 いえ……。私が部下だったら、そんなマネジャーの背中を見て、自分の背筋も伸びていくと思います。

川村　そんなマネジャーと一緒に働きたくないですか？

山口　はい、もちろん、私が部下だったら。

川村　で、山口さんは、いまそんなマネジャーになれていますか？

山口　……。お恥ずかしいですけど、まだまだです。

川村　山口さん、恥ずかしいのであれば、明日から変えていけばいいだけのことです。
僕の場合は、自分がもし自分のメンバーだったら、「この人についていきたい」「この人と一緒に働きたい」と思える存在になれるよう、努力していましたよ。

山口　その第一歩が、マネジャー自ら、平生を磨くってことなんですね。

川村　はい。新米マネジャーの頃は、それくらいしかできませんから。

七

「指示待ち人間は卒業しようよ」って、誰からの指示を待っているんですか？

山口　平生を磨く。早速、私もやってみます。でも、川村さん……。

川村　でも？

山口　先ほど、私が部下だったら、マネジャーを見て変わると言いましたけど、うちの部下たちではどうでしょう……。

川村　なにか気になることがあるんですか？

山口　だって川村さん、うちの部下たちは基本的に、指示待ち人間ばかりなんですよ。

川村　ほう。指示待ち人間って、どんな感じですか？

山口　ですから、私からあれこれ言わないと、自分からは動こうとしないんです。

川村　あー、それは大変そうですね。たとえば、メンバーたちにどんなことを指示するんですか？

山口　当たり前のことばかりですけど、「リストアップはきちんとできてるのか」とか、「テレアポの時間を優先的にとってるか」とか、あとは「企画書はお客様の立場になってまとめてるのか」とか。

川村　なるほど。その指示でメンバーはすぐに動いてくれるんですか。

山口　……。そこなんですよね。

川村　ところで、「次はなにをしたらいいですか？」って、山口さんに逐一尋ねてくるわけですか？

山口　そこまでは聞いてきませんけど、とにかく「ああしろ」「こうしろ」と言うと、ようやく「はい」と答えて行動には移してくれるんです。

川村　なるほどー。すごいじゃないですか。毎回「ああしろ」「こうしろ」と言ってあげると、山口さんの指示通り動いてるんですね。さすがですねー。

山口　……。口酸っぱくは言ってますからね。だいぶ嫌われちゃってるかもしれませんけど。

川村　ところでメンバーのみなさんは、気持ちよく動いてくれていますか。

山口　……そう言われると、仕方なくって感じですかね。

川村　ですよね。僕がメンバーだった頃も、上司に指示を出されたら、こう思ってましたよ。「いやー、また同じこと言ってる。小学生じゃあるまいし、はいはい。わかってますから。すでにいろいろと手は打ってますけど、なにか？　でも今日は、友達と飲みの約束あるんで、すみませんね」って感じでした。

山口　……。

川村　口では「はい、わかりました！」と言っているものの、腹の中では「結果を出せばいいんでしょ」って、まさに面従腹背ですね。

山口　私も部下から、そうバカにされているって言いたいんですか。

川村　いえいえ、そうじゃなければいいんですけど。ところで、マネジャーとして、いまのチームの状態はどうですか？

山口　そんなのダメに決まってるじゃないですか。部下たちに自立してもらえるよう、促してはいますよ。「指示待ち人間は卒業しようよ」って。

川村　ほう。それでメンバーたちは卒業できてるんですか？

山口　いえ、まったくできてませんね。

川村　でしょうね……。ところで、山口さんがメンバーだったときには、どうだったんですか？

山口　僕の初めてついたマネジャーは、あれこれと指示を出すようなタイプじゃなかったんで、自分で動くしかなかったんですよ。

川村　そうだったんですね。新人なのに、よく自ら行動できましたね。それはどうしてなんでしょう？

山口　それはもう、同期たちよりもダントツでいい業績をあげて、一番早く出世したいと思ってたからですよ。

川村　へえ、新人のときからそんな思いがあったんですね。すごいですね。しかも実際、山口さんはそうなりましたからね。さすがです。それで、具体的に自分からどう動いてたんですか？

山口　営業ですから、リストつくって、テレアポして、企画書つくって、プレゼンして……。

川村　それって、「リストつくりなさい」「テレアポしなさい」「企画書つくりなさい」「プレゼンしなさい」って、指示が出てたってことですよね？

山口　えっ？

川村　誰かから指示が出ていたから、やったのではありませんか。

山口　なに言ってるんですか！　指示は誰からも出てませんよ。自分でやったんですから。

川村　山口さん、いま「自分で」って言いましたね。

山口　それがなにか？

川村　ですから、自分で指示を出していたっていうことじゃありませんか。

山口　えっ、どういうことでしょう？

川村　いえ、だから、「おい山口、リストアップしろよ」「おい山口、気合い入れて企画書つくれよ」って言ってたんじゃないですか。

山口　……。

川村　たとえば一日お客さんのところを回って夕方になりました。そのとき、きっとこう思って動いてたんじゃないですか。「もう一件だけ、前から気になってる会社に飛び込みしてみないか。もしかしたら新規のお客さんになってくれて、来期のスタートダッシュの弾みになるかも」って。疲れた身体にムチを打って、自分が自分に指示を出していませんでしたか？

山口　……まさにその通りです。

川村　「おい山口、ここでもう一踏ん張りすれば、同期たちより早く出世できるぞ」って、自分を鼓舞するように、もう一人の自分が頭の中で言ってくれて、「うん、オレ頑張るよ！　絶対に負けないから」って答えながら、行動していたんじゃないですか。

山口　もう一人の自分……。言われてみると、確かにそうでした。

川村　つまり、山口さんは誰からも指示は出てないと言いましたけど、自分からの指示が出ていたということです。ですから、山口さんがメンバーに言うべきことは「指示待ち人間は卒業しよう」ではなく、「指示出し人間になろう」なんです。

山口　指示出し人間……。なるほど、自分から動くというのは、そういうことなんですね。

川村　はい。その自分自身への指示出しが、メンバー一人一人の主体性を高めていくのです。

山口　部下の主体性を高めるには、そこからだと……。

川村　自分の意思や判断に基づき、責任を持って行動してくれるメンバーがたくさんいるチームって、どうですか？

山口　そりゃ、いいに決まってますけど……。でも、川村さん、「指示出し人間になろう」って言っても、うちの部下がすぐにそうなれるとはとても思えないんですけど。

川村　もちろん、言うだけでは、単なる言葉遊びで終わっちゃいますよね。

山口　では、どうしたらいいんでしょう？　部下たちを指示出し人間へと、どうやって変えていけばいいのか。私にはさっぱり見当もつきません……。

川村　さっぱり見当もつきませんか……。

山口　いったいどうすればいいのか。川村さん、早く私に指示を出してくださいよ。

川村　山口さん、まさに指示待ち人間の代表じゃないですか。ハハハハ。

山口　川村さんが喜ぶと思って、わざと言ったに決まってるじゃないですか。ハハハ。

川村　ハハハハハ。

八

「もっと本音で話そうよ」って、それでメンバーが心を開いてくれますか？

川村　どうしたらいいのか見当もつかないと言ってますけど、山口さんがいまお話しされた中に、ヒントはすでに入っていましたよ。

山口　私の話の中にヒント？　どういうことでしょう？

川村　先ほど、「誰よりも早く出世したいから頑張った」と言ってくれましたよね。それを聞いて僕、ちょっとホッとしたんですよ。

山口　ホッとした？　なぜですか？

川村　だって、ビジネス書からの教えではない、山口さん自身の言葉がようやく聞けたわけですから。出世したいっていう思いは、他の人の前でもよく口にされるんですか？

山口　いえいえ。そんなこと誰にも言えませんから。川村さんが初めてですよ。

川村　ほう、そうなんですか。初めてだったんですね。へえー。

山口　……。また、なにか言いたそうですね。

川村　いえ、今日お会いしたばかりで、小一時間ほどで本音トークがお聞きできるなんて光栄ですし、山口さんのことを少しだけでも理解できたような気がします。ところで山口さん、メンバーのみなさんからは本音で話してもらえていますか？

山口　いいえ。なかなかそうはなりませんよ。私からは部下たちに「もっと本音で話そうよ」と、いつも言ってはいますけど。

川村　ハハハ。まあ、「本音でいこうよ」と言われて、「わかりました。じゃあ本音でいきます」とはなりませんよね。

山口　……。

川村　僕がまだ若いメンバーだった頃は、上司からわざわざ水を向けられなくても、飲み会の席で本音をガンガンぶつけてましたけど、いまはそんな時代じゃありませんしね。

山口　その通りですよ。飲みに誘うだけでもパワハラだって言われますから。それに、飲み会での話って、結局は愚痴になっていくじゃないですか。だから、普段の仕事の中で、ちゃんと本音を語ってほしいんですよ。

川村　さすがですね。その山口さんの考えには、僕も賛成します。いま、愚痴のことを否定されましたけど、山口さんの言う「本音」って、具体的にはメンバーにどんなことを話してもらいたいのですか？

山口　それは、「なんでもっと頑張れないのか」とか、「会社や、いまのチームのことをどう思ってるのか」とかですかね……。

川村　えっ？　それって普段から聞いてないんですか？　本音を話してくれなんて回りくどく言うよりも、それくらいなら普通に聞きたいことをぶつければいいと思うんですけど。

山口　まあ、そう言われると、その通りなんですけど……。でも、なんだか問い詰めるような感じになっちゃうじゃないですか。「お前はどうして頑張れないんだ？」って。

川村　はい。その聞き方だと、尋問みたいですし、パワハラですね。ハハハ。

山口　……。もったいぶらずに、教えてもらえませんか。川村さんは、マネジャー時代にどうしてたんですか？

川村　僕の場合は、メンバーとの個別面談の時間をつくっていました。

山口　それなら、僕もやってますよ。

川村　はい。先ほどお聞きしました。「○○くん、ちょっといい？」ってやつですよね。

山口　川村さん、そうイジらないでくださいよ。

川村　ハハハ。僕がやってたのは、そんな場当たり的なものではありません。年に一回、一人のメンバーに対して一時間の面談、それを全メンバーにやるんです。

山口　一人、一時間ですか!?　そんなに話すことあるんですか。

川村　いえいえ、むしろ聞くんです。時間が足りないくらいで、たっぷり準備しておかないと追いつかないくらいでしたよ。

山口　準備って、どんなことをするんですか？

川村　一年間のメンバーの業績や活動結果に目を通し、そのメンバーの課題だと感じていること、そのメンバーに気付いてもらいたいことを細かく書き出すんです。それで、僕からこう質問して、こう答えてきたら、さらにこう聞こう……ってシミュレーションします。でも、本番ではノートは見ませんよ。頭の中に全部入れてから臨みますから。

山口　いやぁ、そこまでやらなくちゃダメですか。なんだか、すごく大変そうですし、タイパも悪そうなんですけど……。

川村　ハハハ、タイパですか。やるかやらないかは山口さんの自由です。

山口　……。

川村　でも、どうでしょう。さっき山口さん、「同期たちよりも早く出世したい」って言いましたよね。その思いを僕に話してみて、どうでしたか？　思わず口が滑っちゃったけど、言わなきゃよかったと思っています？

山口　いえ、話せたおかげで、なんだかスッキリしてます。

川村　他の誰にも話してなかったという山口さんの本音を、初対面の僕にどうして話してくれたんでしょう？

山口　それは……、川村さんが持っている、コーチとしてのテクニックがそうさせたんじゃないですか。

川村　うーん……。本当にそう思いますか。

山口　は、はい……。

川村　今日、僕がどういう気持ちで山口さんと会ってるかわかりますか？

山口　いえ……。

川村　もし、山口さんが自分のメンバーだったら、という思いで接しています。

山口　えっ、私のことを川村さんのメンバーとしてですか。

川村　普段、僕がやっていた個別面談と、なんら変わりありません。その面談の中で必ず聞く質問が二つあるんですけど、山口さんもメンバーになりきって聞いてくれますか。

山口 はい、はい。

川村 「なあ、山口。ところでなんでうちの会社に入ってきて、なんでこの仕事をやってるんだっけ？」「山口は、将来どんなふうになっていきたいんだっけ？　どんな人間になって、どんな人生にしていきたいんだっけ？」

山口 ……。

川村 個別面談ではこの二つを毎年再確認して、その上で「だったら山口さ、いまの状態ってどう思う？　明日からどうすればいいと思う？」って聞いていくだけです。

山口 ……。

川村 今日、お話を聞いてきて、一つめの問いについては、実力次第で仕事を任せてもらえて、若くして出世できる会社で、いち早くマネジャーになりたかった。それをやってきたことは理解しています。でも、山口さんがこれから先、どんな人間になりたいのか、どんな人生にしたいのかは、まだ聞けていません。

山口　……。そう言われると、目先のことを頑張ってるだけで、どんな人間、どんな人生とまでなると、まだしっかりとはイメージできていません。

川村　メンバーと個別面談をやっても、みんなそう答えますよ。でも、せっかくだから、いま考えてもらえますか。

山口　えっ、いまですか!?

川村　はい。待ってますから。

山口　……。ちょっと稚拙な答えになってしまいますけど、ここまで来たら、最年少の部長になって、最年少の役員になっていきたいです。

川村　ハハハ、やっぱり出世なんですね。徹底していて、いいですね。ところでいまの状態は、その理想に近づいてるんでしたっけ？

山口　いまのままでは全然ダメです。そんなの夢物語で、まったく手が届きそうにありません……。

川村　ああ、そうなんですか。じゃあ、あきらめますか？

山口　いえ、あきらめたくなんてありません！　そのために、今日こうして時間をつくったわけですから。

川村　……。でも、相当大変な道のりになりますよ。

山口　それでも、あきらめません！

川村　相当な違和感を乗り越えないと、ダメですよ。

山口　もちろん乗り越えていきます！

川村　わかりました。山口さんがあきらめないのなら、僕もあきらめませんよ。二人三脚ですから。僕も一緒に、乗り越えていきます。

山口　はい、お願いします！

川村　泥まみれになる覚悟はできていますね。

山口　はい！　もちろんです！

川村　じゃあ山口さん、早速、明日からなにをやりますか？

山口　はい。部下との個別面談をやります。もっと部下に興味を持って、思いを聞き出して、寄り添って、サポートする。そんなマネジャーになってみせます！

川村　それだけですか？　今日はずいぶん熱心にメモをとってましたけど……。

山口　ええと……報連相を宝恋創にしていきます。

川村　他には？

山口　は、はい……。用事がなくてもメンバーの隣に座って話しかけます。それに……、ちょっと苦しんでいる部下には「今週の数字はどうなってる？」じゃなく、「来月の数字はどうなってる?」と聞きます。

川村 他には?

山口 部下のモチベーションの低さとか、全力を出してくれないことを嘆くんじゃなく、まず私がお手本となっていきます。

川村 おー、すごいですね。でもまだ、大切なことが残っていますよね?

山口 はい。「普段の生活の中で実力を磨いていこう。平生を磨こう」をチームの合言葉にして、まず自分が実践していきます。

川村 いいですねー。

山口 あっ、川村さん。いっぱい自分に指示を出しちゃってました。

川村 ハハハ。その調子ですよ。

山口 とにかく、部下たちが憧れるような、そんなマネジャーになってみせます。

川村 ほう。さっきよりも深いところにある本音が、ポロッと出てきましたね。

山口 は、はい。

川村 山口さんから力強い言葉が聞けて、今日は本当に良かったです。これからも大変なことがたくさん待ってると思いますけど、どうか乗り越えていってください。では、僕はそろそろ失礼させてもらいます。

山口　今日はありがとうございました。川村さんのアドバイスを活かして、全力で変わってみせます。

川村　頼もしいですね。あっ、ひとりメンバーが帰ってきたみたいですよ。

山口　おーい、おつかれさん！　今日はどうだったー？

一
「ちゃんと報連相してくれよ」で、〈宝恋創〉になりますか？
×メンバーが報連相してくれないと嘆く。
◎メンバーと一緒になって宝恋創をする。

二
「○○くん、ちょっといいかな？」って、メンバーを呼びつけていませんか？
×突然「ちょっといい？」と、自分のデスクに呼びつける。
◎普段から何気ない会話で、メンバーの隣に座る。

三
「今週の数字はどうなってるの？」って聞いて、どうにかなるんですか？
×「今週の数字はどうなってるの？」と追い込む。
◎「来月の数字はどうなってるの？」と気持ちを楽にしてあげる。

四

「もっとモチベーション高くいこうよ」って、あなたはどうなんですか？

×「メンバーのモチベーションが低い」と嘆く。

◎自分のモチベーションがメンバーに伝染していると捉える。

五

「全力を尽くしていこうよ」って、それでチームは鼓舞されますか？

×「全力を尽くしていこうよ」とメンバーにハッパをかける。

◎全力を出してもらうことで、メンバーの課題を浮かび上がらせる。

六

「お客さんの前では礼儀が大切だよ」って、それで実際に礼儀正しくできていますか？

×お客さんの前での礼儀ができているかを気にしている。

◎「普段の生活の中での実力（平生）を磨いていく。

七

「指示待ち人間は卒業しようよ」って、誰からの指示を待っているんですか？

×「指示待ち人間は卒業しようよ」と言う。

◎「指示出し人間になろうよ」と主体性を引き出す。

八

「もっと本音で話そうよ」って、それでメンバーが心を開いてくれますか？

×「もっと本音で話そうよ」と、一方的にメンバーに言う。

◎個別面談を設け、メンバーのビジョンや思いを一緒になって引き出す。

※「平生」についての詳細は、『ラーメンを気持ちよく食べていたらトップセールスになれた』（ＷＡＶＥ出版）をご参照ください。

第二章

負けず嫌いで業績も悪くない中堅マネジャー編

不正解な目的では、
チームもメンバーも成長を望めない

香坂さん（三十四歳）　マネジャー歴五年

生命保険会社のセールスマネジャーとして、一〇名のメンバーを持つ。

セールスパーソン時代の成績はつねにトップクラス。マネジャーとしても数字にこだわり、そこそこの結果を残している。だが、メンバーたちを思うように育てられず、人の入れ替わりも激しく、チームの雰囲気は重々しい。数字にも陰りが見えてきた。

「女性支社長育成プロジェクト」の一環として会社からの要請を受け、始業前の勉強会～朝のミーティングに参加し、その後、川村がコンサルティングをすることになった。期末の締め日まで残り一か月となったその日、社内の空気はピリピリしていた。

一

「勉強会は全員参加させています」その意味ってなんですか？

川村　香坂さん、おつかれさまでした。朝イチから、大変でしたね。

香坂　いえいえ、川村さんこそ、おつかれさまでした。で、どうでしたか？

川村　ハハハ、そう急がないでいきましょう。まあ、僕もその場ではいっさい口を出さないって決めていましたから、いろいろ言いたくてウズウズはしてるんですけど。

香坂　バシバシ、おっしゃってください！

川村　香坂さんこそ、今朝の勉強会とミーティングはどうでしたか？

香坂　それはもう、ご覧の通りですよ。メンバーたちがあんな調子ですから、朝からヘトヘトです。

川村　ヘトヘトですか。マネジャーがやるべきことをやったら、当然そうなりますね。そこは、買わせてもらいますよ。

香坂　そこは？　どういう意味でしょう？

川村　まあまあまあ……。まずは勉強会から振り返りましょう。

香坂　は、はい……、どうでしたか？

川村　期末の締めまで一か月ということで特別に開いたんですか？　それとも、いつもやっているんですか？

香坂　週に一回、定期的に実施していて、マネジャーになってから一度も欠かしていませんよ。

川村　なるほど。御社では、他のチームもそういう勉強会をしているのですか？

香坂　いえ、定期的にやってるチームはそんなにないと思います。

川村　それは素晴らしい！

香坂　ありがとうございます。ただ、それくらいは、マネジャーとして最低限のことだと思いますので。

川村　なるほど。ところで、どうして朝なんですか？　しかも始業時間前に。

香坂　夜は商談や直帰も多いですけど、朝ならメンバーが集まりやすいので。

川村　それだけですか？

香坂　え？　それは、朝のほうが頭もスッキリしていますし、仕事の前で気合いも入りますし……。

川村　なるほど。理由はいろいろあるんですね。ただ、僕が営業マンだったら、あと一時間でも寝てたほうが、スッキリして気合いも入ると思うんですけど、ハハハ。

香坂　えっ、朝に勉強会をしたら、なにか問題でもあるんでしょうか？

川村　いえいえ、問題はありませんけど……。ちなみに全員参加なんですか？

香坂　入社二年以内のメンバーは、全員参加でやっています。

川村　そうですか。けっこう大変ですね。

香坂　はい、マネジャーとしては、もう大変ですよ。

川村　えっ、マネジャーが、ですか？

香坂　えっ？

川村　いえいえ、大変なのは、メンバーのほうじゃないですか。

香坂　それって、どういうことですか？

川村　僕もマネジャーの頃には、香坂さんと同じで、毎週水曜日の朝に勉強会をやっていましたよ。

香坂　それなら、同じじゃないですか。

川村 でも、「どうして朝なのか?」っていう理由も違いましたし、全員参加でもなかったですよ。

香坂 なにが違うんですか?

川村 その朝に学んだことを、すぐその日の活動や商談に活かしてほしい。そして、なによりメンバーに朝から勢いをつけて飛び出していってほしい。で、全員参加にしなかったのは、僕は勉強会なんて予備校と同じだと思っていたからです。

香坂 えっ? 予備校と同じ?

川村 はい。香坂さんは予備校に行かれたこと、ありますか?

香坂 ええ、私は一浪していましたので。

川村 予備校に行っていたとき、自分にはまったく役に立たない講義って出席していましたか?

香坂 え? するわけないじゃないですか。

川村 ですよね。予備校は出席したからといって、志望校に入れる保証が得られるわけではありませんよね。そんなムダな講義に出るくらいなら、図書館に行って一人で勉強したほうがよっぽどいいと。

香坂 はい。それはもちろん。

川村　で、出席しなかったことで、予備校の先生から呼び出しを受けましたか？
香坂　そんなの、あるわけないじゃないですか。
川村　ですよね。だから、僕の勉強会では、遅刻も途中退席も欠席も、なに一つ文句は言いませんでした。だって、予備校の先生って、いちいち怒らないでしょ。
香坂　……まあ、確かにそうですけど。
川村　じゃあ、自分にとってすごく役に立つ講義はどうでしたか。
香坂　それはもう、早く行って最前列に席取りして、机にかじりついて受けていました。他のクラスからも人が集まってきて、立ち見が出るくらいでしたから。
川村　ですよね。僕はそんな予備校の人気講師のように、ワクワクする勉強会をやって、「この先生についていったら絶対に合格できる」、つまり「営業目標を絶対に達成できる」っていう気持ちにさせたかったんです。
香坂　……なるほど。でも、参加自由なんていうユルいルールで、水曜の朝、会社に行ったら川村さん一人だったらどうするんですか？
川村　ハハハ、そんなことになったら、「みんな自立したんだー」って、手を叩いて喜びますよ。ありがたいことに毎回研修室は満席で、他の営業所からも参加希望者が集まってくるほどの活況でした。勉強会の休講は一度もなかったですよ。

香坂　どうして、そんなユルい縛りで……。
川村　みんな朝から、僕の顔が見たかったんじゃないですか、ハハハ。
香坂　……。
川村　ただ、一つ言えるのは、マネジャーが縛るほどメンバーは逃げ、自由が与えられると自分の意思で動くようになるってこと。
香坂　縛られると逃げ、自由だと自分の意思で動く……。
川村　ハハハハ。まあ、そのあたりは、このあと、トレーニングの話をすれば、気付いてもらえるかもしれませんね。

㊁「何度言ったらわかるの!?」それでメンバーが変わってくれますか？

香坂　ところで、川村さん。私の勉強会の中身はどうだったんでしょうか？
川村　メンバー同士でセールス役とお客さん役になって、ロープレ（ロールプレイングの略。営業や接客などで経験する場面を想定して実施するトレーニング）をやってましたね。

香坂　そのまま実践に役立ちますから、勉強会ではロープレをやらせることが多いですね。
川村　座学だけではなくて、ロープレ中心。そこは、いいですね。
香坂　また、そこは……ですか。
川村　はい、そこは、です。で、今朝のメンバーたちのロープレをマネジャーとして見ていて、どうでしたか？
香坂　ご覧の通り、商談が思いやられる出来でした……。
川村　ですよね。香坂さん、メンバーに言ってましたよね。「反対処理（顧客の断りに対しての対処）とクロージングが全然ダメだから、売れないのよ」って。
香坂　はい。各メンバーの問題点はしっかり指摘したつもりですけど。
川村　そこは、認めます。あのままのトークでは、商談がうまくいくかどうかは運任せですからね。
香坂　おっしゃる通りで、ラッキーで商談がまとまっても力はつきませんし。
川村　はい。ラッキーでまとまる商談なんて、ほぼありませんからね。
香坂　だからこそ、メンバーに力をつけさせたいんですけど……。
川村　はい、そこは間違っていません。ただ、それでメンバーに力はついているんですか？

香坂　いえ……、残念ながら、そうはなっていないのが現実です。

川村　……。なぜだと思います？

香坂　……。川村さん、教えてください。

川村　いえいえ、まず香坂さんが考えてもらえますか。

香坂　……。

川村　毎週毎週、欠かさずやってきたんですよね？

香坂　は、はい……。

川村　ちょっと考えてほしいんですけど、もし香坂さんがメンバーの立場で、あまり力のつかない勉強会に、二年間毎週毎週、始業時間前の参加を強要されたらどう思います？

香坂　……。私なら、参加しなくなっているかもしれません。

川村　ですよね。予備校の役に立たない講義に出ない香坂さんなら、当たり前ですよね。それでも我慢強く参加してくれているメンバーに、むしろ感謝しないといけないんじゃないですか？

香坂　まあ、それは……。

川村　では、本題に入りましょう。現状の勉強会では、香坂さんが一方的に問題点を指摘するだけで、メンバーにとってはなんの気付きにも解決にもなっていないんです。

香坂　えっ？

川村　スクリプト（営業トークの台本）通りの練習をしているのは悪くないんですけど、どうもそこに、お客様の視点が欠けているようですね。

香坂　はあ……。

川村　だって、お客様は、スクリプトなんて読んだことってあります？

香坂　いえ、それは……。

川村　もちろん読んだことありませんよね。大事なのは、お客様がいま、なにを考え、どんな心理状態でいるのか？　いま自分はお客様からどういうふうに見られているのか？〈嫌われていないか？　受け入れられているのか？〉というお客様視点を持ってロープレすることだと僕は思うんです。

香坂　はあ……。

川村　もう一つ質問ですが、メンバーたちのロープレを見ていて、こうは思いませんでしたか？「私だったら、あそこでこう切り返すのに」「私だったら、ここで

香坂　こう言うのに」って。

川村　はい、まさにそうです。

香坂　ハハハ。そう思ってるって、顔に書いてありましたよ。それなら、なんでそれをその場でやってあげないんですか？

川村　もう何度も教えてきました。「いまの切り返しは違うでしょ」って言えば、わかってくれるはずですから。

香坂　ですよね。「何度言ったらわかるの」って、ちょくちょく指摘してましたね。でも、何度言ってもわかってくれないんだったら、香坂さん自身がもう一度、その場でロープレをして見せてあげたほうが、よりイメージできると思うんですけど。

川村　……。

香坂　僕はいつも、そうしていましたよ。何度も何度も飽きるほどに。

川村　……。

香坂　香坂さん、「何度言ったらわかるの」の裏返しって、なんだと思いますか？

川村　「何度言ったらわかるの」の裏返し……？

香坂　考えてみたこと、あります？

香坂　いえ、一度も……。

川村　「何度言ったらわかるの」の裏返しは、「何度やってもうまく教えられなくてごめんね」ってことです。そう感じたことはありませんか？

香坂　……いえ。でも、いま初めて感じています。自分のやり方が至らなかったと……。

川村　いま香坂さん、「自分」と言いましたね。まさに、その感覚。いままでメンバーに向けていた矢印を、自分に向ければいいだけのことなんです。

香坂　矢印を自分に向ける……。

川村　はい。原因は我にあり、マネジャーにあり。そう考えると、すべての問題解決の糸口を自分が握れるんです。

香坂　原因は、私にある……。そして、すべての問題解決の糸口を私が握っているなんて……。

川村　そうなんです。そう捉えると、香坂さん、やらなきゃいけないことがたくさん浮かんできませんか？

香坂　たくさん浮かびすぎて、なにからやればいいのか、混乱しちゃいそうです。

川村　ハハハ、香坂さん。誰もが通る道ですよ。

僕も若い頃は、恥ずかしながら、メンバーがうまくできないのを、メンバーの責任にしていたこともありましたよ。正直、メンバーを追い込んで、厳しく指導した経験もあります。ただ、それでも変わらないメンバーの姿を見て、「あれ、これって自分の責任だし、自分のトレーニング能力の問題だ」とやっと気付けたんです。

香坂　えっ、川村さんでも、若い頃はそうだったんですね。

川村　はい、当時のメンバーには、感謝の気持ちと申し訳ない気持ちで、頭が上がりませんね。ハハハ……。

③「ロープレをしっかりやらせてます」それでメンバー自らがやる文化になっていますか？

川村　ところで、香坂さん、〈わかる〉の反対って、なんだと思いますか？

香坂　それは、〈わからない〉じゃないですか。

川村　では、〈できる〉の反対って、なんですか？

香坂　それも、〈できない〉じゃないですか。

川村　ハハハ。香坂さんはまだまだ、トレーニング経験が浅いようですね。

香坂　えっ？

川村　〈わかる〉の反対は〈わかったつもり〉。〈できる〉の反対は〈できてるつもり〉。香坂さんのメンバーは、そうなっていませんか？

香坂　確かに……。ほとんどのメンバーはわかったつもり……、できてるつもり……になってしまっているかも……。

川村　そして、〈教える〉の反対はなんですか？

香坂　……。〈教えたつもり〉ですね。

川村　そう、マネジャーは教えたつもり、メンバーはわかったつもり。その〈つもり〉が積もり積もると、どうなりますか？

香坂　ダメチームができあがってしまうと……。

川村　〈つもり〉って、恐ろしいですよね。実際はそうではないのに、そうなったかのように思い込んでしまうんですから。

香坂　は、はい。

川村　その〈つもり〉になってしまっていないかを確認する場が、ロープレなんです。

もっと言えば、マネジャーが〈教えたつもり〉になってしまっていないかどうか？　香坂さんのトレーニングの力を測る場でもあるんです。

香坂　自分のトレーニングの力を測る場だなんて……。私、メンバーへの指摘ばかりになってしまっていて……。

川村　はい。香坂さんだけではなく、指摘ばかりするマネジャーが世の中に増えてきて、評論家的なマネジャーが多くなっている気がするんです。でも、その評論家からの指摘に納得して、自分を変えようと思うメンバーはいませんよね。

香坂　……。

川村　メンバーたちが見つめる緊張感の中、全身全霊をかけて手本を示してくれるリーダーだからこそ憧れを持ち、〈この人についていけば変われる！〉と、みんな思うんじゃないですか。

香坂　た、確かに……。

川村　さっき香坂さん、メンバーに対して、ロープレをやらせてるって言ってましたね。今後はどうしていきます？

香坂　はい。ロープレはやらせるものじゃなく、まず、やるものです！

川村　いいですねー。香坂さん、その意気です！　それをさらに、次のステップに進めてほしいんです。

香坂 次のステップ？

川村 はい。メンバーたちが香坂さんのロープレに憧れ、香坂さんのようにカッコいい営業をしたいと思い、香坂さんがいないときでも、メンバー同士で自主的にロープレをやってる光景が、オフィスのあちこちで当たり前のように見られる。

香坂 そんな環境になったら最高ですけど、そんなのありえるんですか？

川村 はい、そんな環境のことを、〈ロープレ文化〉と僕は呼んでいます。

香坂 ロープレ文化？　初めて聞きました。

川村 その文化を育てるには、大事なことが二つあります。ちょっと、紙に書きますね。

ロープレがうまいヤツ＝カッコいい。
ロープレがうまいヤツ＝売れている。

そんな空気感と実績がチームにできあがってきたら、ロープレ文化が根付いているってことです。逆に、売れている人の中で「ロープレと現場は別物だから、やっても意味ないよ」ってシラケている人がチームに一人でもいるようなら、文化として育つことはないでしょう。

香坂　た、大変な道のりですね……。

川村　それは、文化って言ってるくらいですから。三日やそこらでできたら苦労しませんよね、ハハハ。でも、そこを目指すこと自体が、大切だと思いますよ。

香坂　はい、チャレンジしてみます。

川村　では、勉強会の振り返りの最後に、その目的について話しておきますね。

香坂　目的、ですか……？

川村　はい。そもそも香坂さんは、なんのために勉強会をやっているんですか？

香坂　スキルの向上とか……。

川村　それは、もちろん大前提です。他にありませんか？

香坂　えっと、他にもいろいろ……その……。

川村　僕の目的は、たった一つでした。

香坂　えっ、なんですか？

川村　朝の勉強会を終えた直後に、「川村さん、あのトークいただき！」と言って、メンバーたちが元気よくテレアポしたり、会社を飛び出していったりする。その状態をつくってあげることこそが、勉強会の目的でした。

香坂　……。

川村　つまり、メンバーを勇気づけてあげること。
香坂　メンバーを勇気づける……。確かに、そんな勉強会なら、私も出たい！
川村　ハハハ。ですよね。香坂さんの、今朝の勉強会はどうでした？
香坂　勇気を与えるどころか、むしろ萎縮させてしまったというか……。
川村　そうだったかもしれませんね。でもこれからは、他のチームからも生徒が集まる、そんな人気講師になってください。
香坂　は、はい！

四 「できるメンバーには一目置いています」それでチームは一つになっていますか？

川村　勉強会に続いて、朝のミーティングの話に移りましょうか。九時から九時半まで三〇分間でした。いつも、このくらいの時間を使うのですか？
香坂　はい。毎朝、九時からやっています。短くササッと済ませては意味がありませんし、長い時間ダラリとやってもメンバーたちがダレてしまいますので。

川村　そこは、おっしゃる通りだと思いますよ。ところで、月曜朝のミーティングは全員参加で、九時スタートですよね？

香坂　はい。

川村　メンバーのお一人が九時五分から参加していましたけど、商談かなにかあったのでしょうか？

香坂　あ、立花さんのことですね。商談ではなく、ただの遅刻です。

川村　もしかして、たまたま今朝だけというわけではなくて？

香坂　まあ、お恥ずかしい話ですが、そうです……。

川村　でも、立花さん、まったく焦ったり悪びれたりする様子もなく、ごく当たり前のように入ってきていましたね。香坂さんもそれをとがめるわけでもなく、淡々とミーティングを進めていました。その後も、一対一で注意することもなかったようですけど。

香坂　はあ……。立花さんはちょっと特別でして……。

川村　特別？　と言いますと？

香坂　立花さんは私の大先輩で、チームで一番のベテランですし、つねに好成績を出し続けてくれていますから。

川村　なるほど。ところで、そのことと遅刻とは、なんの関係があるんですか？

香坂　いえ……。

川村　「私はベテランで成績もいいから遅刻を大目に見てください」って、立花さん本人がおっしゃったわけですか？

香坂　いいえ、そんなことは……。

川村　では、「あなたはベテランで成績もいいから遅刻は大目に見ます」って、香坂さんからおっしゃったわけですか？

香坂　もちろんそんなことは言いませんけど……。

川村　じゃあどうして、立花さんの遅刻を注意しないのでしょう？

香坂　まあ、それは……。うちのチームは立花さんの活躍でもっているようなところがありますし。

川村　立花さんでもっている？　それはチームの業績の話ですか？

香坂　は、はい。遅刻はもちろんよくありませんけど、うちは営業会社ですから。

川村　えっ？　営業会社だったら、数字さえ上げていればなにをやってもいいってことですか？

香坂　そこまでは言ってませんけど……。

川村　僕にはそう聞こえてしまったんですけど。

香坂　……。

川村　香坂さんが新人の頃のことを思い出してみてください。眠い目をこすって、朝ちゃんと出勤しました。そしたらその後、売れている先輩が当たり前のように遅刻してきて、それをマネジャーが注意することもありません。「ああ、この会社って、売れればなんでもありなんだ」って、そう思うんじゃないですか。

香坂　確かに、新人だったら、そう思うかもしれません……。

川村　香坂さんのチームの若いメンバーたちが、そのように感じていたら、どう思いますか？

香坂　すでに、そう感じている人もいるかもしれません……。

川村　その状況って、マネジャーである香坂さんにメンバーが不信感を抱いてしまうだけでなく、立花さんに対しても、メンバーが距離を置いてしまうことになっているのは、おわかりですか？

香坂　……そこまでは考えていませんでした。

川村　だって、チームの中で一人だけ治外法権の人がいたら、浮いちゃうでしょ。

香坂　た、ただ、稼ぎ頭の立花さんがヘソを曲げたら、うちのチームも大変になっちゃうんで……。

川村　えっ、なにが大変になるんですか？

香坂　繰り返しになりますけど、うちは営業会社ですから、チームを預かっている以上、数字の責任は果たさないと……。

川村　数字の責任？　なかなかご立派な責任感をお持ちのようで、ハハハ……。

香坂　その言い方からすると、川村さんはチームの数字は二の次だとおっしゃりたいのですか？

川村　いえいえ、数字や業績はもちろん大切です。でも、香坂さんの言うマネジャーの責任って、それだけですか？

香坂　……。

川村　チームの目先の数字＝自分のことしか考えていないように思えるんです。

香坂　……。

川村　だから、立花さんに対して、腫れ物に触るように気を遣っているんじゃないですか。

香坂　そう言われると……。

川村　僕は、目先の業績にはほとんど興味がありませんでしたよ。なぜなら、そんな

香坂　ことよりも、メンバーの可能性を広げてあげることで精一杯でしたから。

川村　メンバーの可能性を広げる……？

香坂　はい、そっちのほうが楽しそうじゃないですか。だって、メンバーが成長してくれれば、業績なんてあとからいくらでもついてくるんですから。

川村　そんな結果もついてくるのなら、楽しそうですけど……。

香坂　はい。では、そんな結果も、求めていきましょう。

川村　ところで、立花さんって、チームの業績の要ではあるようですけど、きっと、チーム全体の要にはなれていませんよね。

香坂　先ほどの川村さんのご指摘の通り、みんな、ちょっと距離を置いているというか……。

川村　それって、ご本人は望んでいますか？

香坂　いえ、そんなことは……。

川村　ちなみに、マネジャーになってから、立花さんにアドバイスをもらいに行ったことはありますか？

香坂　えっ、なんのですか？

川村　「最近、いくら頑張っても空回りして、なかなかうまくいかないんですけど、立花さんがもしこのチームを率いていたとしたら、どんなところから手を打ちますかね？」って。

香坂 いいえ、一度も……。

川村 えっ？ 僕が立花さんだったら、そんな相談してくれたらすごくうれしいと思うけどなぁ。

香坂 そうなんですかね。

川村 きっと立花さん、「やっと相談に来たんだね」って、すごくいいアドバイスをくれますよ。

香坂 でも、お忙しい方ですし、ご迷惑かと……。

川村 大丈夫。いくら忙しくても、香坂さんからの相談になら、しっかり乗ってくれますよ。一番活躍している立花さんですから、若手の至らないところも、チームに足りないところも、香坂さんのダメなところも、一番お見通しでしょうし。

香坂 それはそうなんですけど、なんだか話しづらくて……。

川村 まあ、遅刻も叱れないわけですからね。ハハハ。

香坂 ……。

川村 でも、立花さん、きっと寂しがっていると思いますよ。人間って、叱ってくれる人がいないことほど寂しいことはありませんから。

香坂　でも川村さん、叱り方って難しいですよね。とくに大先輩ですし……。

川村　確かにそうです。でも、叱られて初めて、立花さんもチームの一員になれるんじゃないですか?

香坂　は、はい……。でも、どう言えばいいのか……。

川村　僕なら、マネジメントの相談をして、たっぷりアドバイスをもらったあとで、最後に立ち上がってお礼を言って、別れ際に、まるでふと思い出したかのように、こんな感じで言います。「あ、そういえば、立花さん、朝のミーティングでの五分の遅刻。あれがなくなったら、もっと人気者になれると思いますよ～」って。

香坂　な、なるほど……。それなら、言えるかもしれません。

川村　ハハハ。それで、立花さんが笑ってくれたら最高ですね。

五

「朝のミーティングでは成績のいい人を称賛しています」それだけで盛り上がっていますか？

川村　では、本題に移りましょう。ミーティングは毎回、今朝のような感じですか？
香坂　はい。今日は月曜日なので、会議室で三〇分じっくりやりました。先週の一人一人の数字の発表もありますし、今週の活動予定と業績のヨミも一人一人確認したいので、時間を長めにとっています。他の曜日は毎朝一〇分程度ですけど。
川村　他の曜日は、どうして一〇分なんですか？
香坂　連絡程度で済ませて、なるべく早く外に出てほしいので。
川村　なるほど。で、どうして毎日やってるんですか？
香坂　えっ、うちの会社は昔からこうですから。
川村　昔から……ですか。会社の慣例ってことですか。
香坂　入社当時から、ずっとこうですから。
川村　なるほど。香坂さんは営業メンバー時代に、その毎朝あるミーティングをどう

香坂　感じていましたか？
正直、時間のムダだなーと思うことも多かったです。「連絡事項と数字の確認だけなら、メールで十分なのに……」って。

川村　ですよね。だとしたら、どうしていまは、メールだけで済まさないんですか？

香坂　い、いや、私なりには、時間のムダだと感じられないようにやっているつもりなんですけど……。

川村　また、つもり……ですか。まあ、いいでしょう。今朝のミーティングでは、先ほどおっしゃったように、業績と活動の結果報告、そのあと今週のヨミをやっていましたね。

香坂　はい。

川村　今週のヨミの確認をしているところは、かなりピリピリした空気感でしたね。僕もちょっと逃げ出したくなったくらいですよ。ハハハ。

香坂　やっぱり期末ですし、緊張感を持たせたかったので。川村さんもそうだったんじゃないですか？

川村　いやあ、それが期末が近づくほど、支社キャンペーンで盛り上がっていて、メンバーと一緒に毎週爆笑していましたよ。

香坂　……。

川村　ところで、その緊張感を持たせるために、あの一人のメンバーに厳しくあたっていたんですか？

香坂　ああ、堺のことですか。

川村　確かに彼女の数字はこのところ厳しいようですが、先週も一週間ずっと、サボりっぱなしだったんですかね？

香坂　いえいえ、そんなことはありません。

川村　彼女はどんな活動をしていたんですか？

香坂　午前中からお昼までは毎日、飛び込み営業を続けていました。

川村　なるほど、他にはなにかやっていましたか？

香坂　午後はオフィスに戻ってきて、過去に取引のあった引き継ぎのお客様をリストアップして、毎日、片っ端から電話をかけていました。

川村　なるほど、なかなか頑張っていましたね。他にはなにかやっていませんでした？

香坂　夜は一発逆転を狙って法人へのアタックをするために、先輩から教えてもらったり専門書で勉強したりして、毎晩一番遅くまでオフィスにいたようです。

川村　堺さんって、すごく頑張り屋さんなんですね。
香坂　……。
川村　いまの話を聞いて僕はそう思っただけなんですけど、香坂さんのチームでは、そのくらいやるのが当たり前のことなんですか？
香坂　朝昼の飛び込みや夕方の訪問などは、みんなが当たり前にやっていますけど、引き継ぎのお客様に毎日連絡し続けたり、夜に法人営業の勉強を継続したりしているのは、うちのオフィスでも彼女しかいないと思います。
川村　堺さん、いつか大化けしてくれそうですね。
香坂　……そうなってくれたら、こっちも苦労はしないんですけど。
川村　ちなみに、いま言われた堺さんの頑張りは、チームの他のメンバーはご存じなんですか？
香坂　午後にオフィスに帰ってこない人も多いですし、子どものお迎えや家事があるので夕方早めにあがったり直帰したりする人も多いですから、彼女の勉強する姿を見ている人はほとんどいないと思います。
川村　そうなんですね……。香坂さん、一つ提案があるんですけど。来週の月曜朝のミーティングで、堺さんのことをすごくほめてくれませんか。とくに、引き継ぎのお客様へのテレアポの継続や、夜に法人営業の勉強をしていることを。

香坂 えっ、チームの足を引っ張ってる堺をですか？

川村 いえいえ、結果の出ていない堺さんだからこそ、やってあげてほしいんです。

香坂 ……。

川村 もし、香坂さんがいまの堺さんの立場だったら、日々どう感じていますかね。

香坂 ……すごくつらいとは思いますけど……。

川村 ですよね。会社に行きたくないかもしれないし、メンバーと顔も合わせたくないかもしれない。ミーティングではまた厳しいことを言われちゃうんだろうなぁ……って。

香坂 ええ……。

川村 ところが、成績を非難されるどころか、プロセスにスポットライトを当ててもらえて、「うちのチームでいま一番、引き継ぎのお客様へのテレアポを頑張ってて、法人営業の勉強も毎晩遅くまで頑張ってるのよ」って、マネジャーからみんなの前でほめてもらえたら、どんな気持ちになりますかね？

香坂 「こんなに売れてない私を、きちんと見てくれていたんだ。結果だけじゃなくて、行動も見てくれてたんだ」って、驚くと思います。

川村　ですよね。すごく感謝して信頼してくれると思いますよ。

香坂　それは、間違いなく……。

川村　堺さんの頑張りを聞いたメンバーは、どう感じますかね？

香坂　堺さん、頑張ってるな、とは感じると思います。

川村　僕がメンバーだったら、こう思うかもしれません。「お、堺さん、なかなか頑張ってるじゃん」「俺も最近サボってたから、一緒にテレアポして追い込んでみるか」「ちょうど、法人営業の勉強が中途半端になってたから、一緒にイチからやってみるか」って。

香坂　……。

川村　香坂さん、どうでしょう。成績だけを称賛しているチームと、結果だけでなくプロセスにも焦点を当てて称賛しているチーム、どちらがいいチームになっていきそうですか？

香坂　それは後者だとは思いますが……。ただ、川村さんは、数字よりもプロセスが大事っておっしゃりたいんですか。

川村　もちろん、数字へのこだわりは大切です。ただ、数字って簡単にコントロールできますか？

香坂　もちろん、そう簡単には……。

川村　だからこそ、自分でコントロールできるプロセス〈行動〉に集中してもらうんです。

香坂　プロセスに集中する……。

川村　はい。先週、一番業績が良かったのは立花さんですよね。すごい拍手が起こっていましたから、僕にも十分伝わりました。そのとき香坂さんは、みんなと一緒になって拍手するだけでなく、なにをすれば良かったと思います？

香坂　ただ結果だけを称賛するのではなく、立花さんにプロセスも発表してもらえば、良かったんでしょうか。

川村　まさに、その通りです。どういう経緯でそのお客さんにアプローチして、どんな提案をして、どこが一番響いたのか。他のメンバーが一番知りたかったのは、そこだと思いますけど。

香坂　確かに……。

川村　僕もそこが一番聞きたかったんですけど。

香坂　……。

川村　つまり、結果が出ている人って、プロセス自体がノウハウの宝庫じゃないですか。だからメンバー全員で共有する。一方で、頑張ってるのに結果が出ていない人は、どこが間違ってるかを見極めて早めに修正してあげるのがもちろん大切。ただ、もう一つ大事なことがありますよね？

香坂 はい。きちんと頑張っているプロセスにスポットライトを当ててあげることですね。

川村 香坂さん、いい感じになってきましたね。

香坂 いえいえ。ただ、ミーティング一つとっても、こんなにいろいろ考えさせられるなんて……。

川村 僕のミーティングの目的はいろいろありましたけど、その中でも大切にしてきたことは、チームの中での一人一人の存在理由をしっかりとつくってあげること。売れていようがいまいが、努力してようがサボってようが、みんなチームの大切な一員。誰か一人が欠けてもチームとして成り立たないんです。

香坂 一人一人の存在理由をつくってあげる？

川村 はい。一セールスパーソンとして、ただ数字を求めるのではなく、一人の人間として、見てあげることなんです。

香坂 川村さんの話を聞いていると、堺をはじめ、苦しんでいる人たちに申し訳なくなってきました……。

川村　香坂さん、大丈夫ですよ。今日から一週間、メンバー一人一人の発言や行動や顔つき、またはメンバー同士の会話や笑い声をしっかりと感じてください。

香坂　はぁ……。

川村　きっとその中に、「今週のＭＶＰは誰かな？」って、ミーティングを盛り上げてくれるヒントがいっぱい転がっていますから。だから、毎日、チームのメンバーの人間観察をしっかりやるだけでいいんですよ。

香坂　人間観察をやるだけ？

川村　これが、本当に飽きないんです。今日の香坂さんの観察も、かなり楽しませてもらってますよ。ハハハ。

⑥

「メンバーにはすごく期待しています」そのおかげでお互いしんどくなっていませんか？

川村　今日、これからの予定を聞かせてもらえますか？

香坂　はい。午後もいろいろと入ってまして。

川村　さすがですね。

香坂　とくに大事なのは、午後一時から個別面談が一人、午後四時から同行が一件あります。で、個別面談のことで、川村さんに相談したいことがあるんですけど。

川村　もちろん、どうぞ。

香坂　川村さんにはまた叱られそうですけど、今日のメンバーはチームの足を引っ張る存在で……なんと言いますか……。

川村　お荷物的な？

香坂　……はい、正直そう感じてます。

川村　ハハハ、せっかくの機会ですから、そのままの気持ちを伝えてもらったほうがいいですよ。

香坂　まあ、そういうメンバーと個別面談をすると、私の悪い癖がついつい出てしまいそうで……。

川村　はい、わかりますよ。「何度言ったらわかるのよ！」ってやつですよね。ハハハ。

香坂　ハハ……、もう川村さんには、すべて見透かされちゃってますね。
で、先ほどの相談なんですけど、午後に面談するメンバーは、うちのチームに異動してくる前は全社的にもかなり上位の成績をあげていました。だから、私も目をかけて応援してきたんですけど……。

川村 ……けど？

香坂 じつは今期、まったくの期待外れで、いまはガッカリで……。

川村 いわゆる二・六・二の上位二から下位二へ、急降下ってやつですか。

香坂 まさにその通りなんです。

川村 で、面談のときにも、ご本人にそのまま言っちゃうんですか？「以前のチームでの実績もいいし、最初の半年も良かったから、あんなに期待してたのに。一年経ったらこの数字……ガッカリだわ」って。

香坂 まあ、そこまで強く言うかわかりませんが……、「期待してたのに」とは言ってしまうと思います。

川村 そしたら、そのメンバーはなんて答えますかね？

香坂 「期待してもらっていたのに、すみません……」と言うと思います。

川村 香坂さん、謝ってもらうことが、今日の面談の目的なんでしたっけ？

香坂 いえいえ、もう一度、奮起してもらうためです。

川村 どう言って、奮起してもらうんですか？

香坂　まあ、檄を飛ばすくらいしかできませんけど。「いままでのことはいいけど、期末の残り一か月、期待してるから」って。

川村　それって、どういう効果を狙ったものなんですかね？

香坂　効果？　それはまあ、ハッパをかけることで、発奮してもらうってことじゃないですか。「あなたの実力はこんなものじゃないでしょ」って、私の期待も伝わるはずですから……。

川村　そこまで言われたら、きっとそのメンバーはこう答えるでしょうね。「期末はしっかりと期待に応えて、結果を出します」って。

香坂　たぶん、そういう感じになると思います。

川村　それで、期末が終わって、そのメンバーがまったく結果を出せてなかったら、どうします？

香坂　「期待してたのにガッカリしたわ」って、また同じことを言ってしまうと思います。

川村　香坂さん、いままた、「ガッカリした」って言いましたよね。どうしてガッカリしたんですか？

香坂　それはもちろん、期待してたのにメンバーが応えてくれなかったからですけど。

川村　メンバーが応えてくれなかったからじゃなくて、自分が応えてもらえなかったから落胆しているだけですよね？

香坂　えっ、どういうことですか……？

川村　つまり、「あんなに期待してたのに、私は裏切られた」と。

香坂　そんなことは……。

川村　勝手に期待しておいて、勝手に裏切られたなんて。それって、マネジャーとしてメンバーに依存しすぎじゃないですか。

香坂　……。

川村　だから、メンバーに対して期待なんてしちゃいけないんです。

香坂　でも、なんだか納得できません……。期待するのがいけないだなんて。私はいままでも、メンバーたちに期待しています！

川村　ハハハ……。まあまあまあ、香坂さんのメンバーへの思いは、十分に伝わってますから。

香坂　……。

川村　一つ質問があるんですけど、ちょっと立ち入ったことを聞かせてもらってもいいですか？

香坂　はい。
川村　香坂さん、いまお付き合いされてる方っていらっしゃいますかね？
香坂　はい。長くお付き合いしている人はいますけど。
川村　そのお相手に対して、普段からなにか特別な期待をしていますか？　たとえば、いつまでに結婚してほしいとか、出世してお金持ちになってほしいとか……。
香坂　もちろんいつか結婚はしたいですし、彼には仕事でも成功してほしいと思ってはいます。でも、それを期待と言うのかどうかは、私にはわかりませんけど……。
川村　またちょっと嫌な質問をさせてもらいますけど、そのお相手が会社で大きなトラブルを起こして解雇されてしまったとしたらどうですか？
香坂　そんなのも考えられませんし、想像もできません！
川村　それって、「あなたは私が悲しむようなことはしない」って思い込んで、お相手に期待してるってことですか？
香坂　いいえ、そんなのまったく違います！　期待なんてしていません。でも……。
川村　でも、なんでしょう？
香坂　……信頼しています。

川村　ハハハ、それを聞いて、ホッとしました。
香坂　えっ、どういうことですか？
川村　いまの話、すごく素敵じゃないですか。
香坂　あっ、もしかして川村さんは、マネジャーとメンバーとの関係も、同じだと……。
川村　はい。
香坂　本当に、お恥ずかしいことです。
川村　やっと気付いてくれましたね。
香坂　……私が、期待し依存しすぎて、メンバーを苦しめていたなんて。ただ、メンバーへの信頼と言っても……。川村さんはいったい、メンバーのなにを信頼してきたんですか？
川村　その答えは……「何度挫折しても、この仕事を通じて、セールスパーソンとして成功したい。お客様にもっと喜ばれ、家族も幸せにして、自分ももっと幸せになりたい。人間的にもっと成長したい、社会にも貢献したい」っていうメンバーの思いを信頼してあげることです。
香坂　成功……成長……貢献……幸せ……。

川村　そのくらいのことだったらできませんか。

香坂　確かに……。期待ではなく、信頼できたら、いろんなことの見え方が変わってくるかも。

川村　香坂さん、わかっているじゃないですか。もう大丈夫ですよね。

香坂　はい。うまく結果が出ないことに、一喜一憂してばかりいました。

川村　そうなんです。メンバーを信頼したら、もう一喜一憂することなどありません。余計なストレスが溜まることもなくなりますよ。

香坂　本当にそうかもしれませんね……。

川村　じゃあ、僕もストレス溜めたくないんで、はっきり伝えておきますね。まさに僕も、香坂さんがすぐに変われるなんて、まったく期待はしていませんよ。でも、マネジャーとしてもっともっと成長したい、もっともっとメンバーの役に立ちたいって思いは信頼していますけどね。ハハハハ。

⑦

「営業同行の目的は契約を決めてあげることです」それでメンバーは成長していますか？

川村　夕方には、確か、同行の予定がありましたね。どんなメンバーの方ですか？

香坂　ええ。入社から、まだ半年の若手です。彼女にとっては入社以来、一番大きな商談のようで、「同行をお願いします！」と頼まれまして。

川村　さすが、人気者。メンバーから頼りにされていますね。

香坂　いえいえ、ありがとうございます。

川村　そういうお願いは、よくあるんですか？

香坂　若いメンバーからは、しょっちゅうあります。

川村　なるほど……。しょっちゅうですか……。

香坂　またなにか、気になることがありますか？

川村　いや、そういうわけではないんですが……。ちなみに、そのメンバーから同行を頼まれたのは、いつのことですか？

香坂　たぶん、アポがとれたときだと思いますので、一週間前ですね。それがなにか？

川村　一週間前ですか……。ところで、そもそも今日の同行の一番の目的はなんですか？

香坂　もちろんそれは、メンバーの数字をつくってあげることです。

川村　へえー、そうなんですね。

香坂　やっぱり、売れることが新人メンバーにとっては、一番の栄養剤ですから。

川村　なるほどー、僕とは同行の目的がまったく違いますね。

香坂　えっ、どういうことですか？

川村　いや、そもそも同行って、ほとんどやったことないんですけど。ハハハ。

香坂　メンバーから頼まれても、してあげないんですか？

川村　はい。あんまり人気がなかったんで、ほとんど頼まれませんでした。ハハハ。

香坂　……。

川村　ただ、同行するよりも、よっぽどメンバーのためになるであろうことはやっていましたけどね。

香坂　それって、なんなんですか!?

川村　その答えは簡単です。商談の前日までに、お客さんを想定した本番さながらのロープレをやってあげることです。

香坂　本番さながらのロープレ？

川村　はい。身だしなみはもちろん、当日使う資料も完璧に準備して、お客様役も緊張感を持って、本人も情熱を持って、そのロープレに臨むんです。

香坂　えっ、そこまでやってたんですか。

川村　はい。商談当日に想定されるあらゆる反対なり断りを、むしろ本番以上に厳しくしてあげるんです。

香坂　本番以上に厳しく、ですか。

川村　はい。本番の商談と、本番さながらの厳しめのロープレと、どちらが緊張すると思いますか？

香坂　やったことがないのでわかりませんけど、ロープレのほうじゃないですか。

川村　はい。だからこそ、本番ではリラックスして、少し余裕を持って、商談を進めることができるんです。

香坂　確かに、そうかもしれません……。

川村　それでメンバーがうまく乗り越えられない反対や断りは、香坂さんがどうして

香坂　あげればいいんでしたっけ？

川村　もちろん、私がロープレをして手本を示してあげます。

香坂　おっ、香坂さん、いい感じですね。今回、同行を頼まれてから一週間の時間があったんですけど、それを一、二度やってあげていたら、同行しなくても一人で商談に向かわせることができたんじゃないですかね。

川村　それは……、確かに一人で行かせることはできるかもしれませんが、ご契約をいただける確率は下がると思うんですけど。

香坂　もちろん、ご契約をお預かりできるかどうかはわかりません。ただ、練習から実践までのプロセスを繰り返したメンバーは、間違いなく成長することになりませんか？

川村　それはそうですけど……。

香坂　香坂さん、大事な商談に一人で行って、うまくまとめあげられたら、どんな気持ちになりますか？

川村　それは、とびきりうれしいですし、自信にもなります。

香坂　自信になりますよね。でも、もし、うまくいかなかった場合はどうですか？

川村　もちろん残念ですけど、きっとここが練習通りにできなかったんだ。あのとき

川村　もっと、ああすればよかったんだ、こうすればよかったんだ、と課題を明確にはできると思います。

香坂　はい。その明確になった課題を持って帰ってきたメンバーに、香坂さんはどうしてあげればいいんでしたっけ？

川村　その現場でできなかったことを再現してもらって、うまくいかなかったところを私がアドバイスしたり、ロープレして見せてあげます。

香坂　そしたら、メンバーは香坂さんに、なんて言いますかね？

川村　「次の商談は、絶対にうまく乗り越えてみせます」って言われたら、うれしいですけど。

香坂　ですよね。メンバーは「やっと腹に落ちました。それ、いただき！」って感じになるんじゃないですか。

川村　確かに……。でも川村さん、そこまでやらなきゃいけないんですか？

香坂　ハハハ。やるかやらないかは、香坂さんにお任せしますよ。ただ、香坂さん、いつもけっこう忙しそうじゃないですか。

川村　は、はい。

香坂　現状のままでは、この先もずっと忙しいままで、時間的な余裕など生まれてこ

香坂　ないでしょうね。
川村　えっ、余裕って？
香坂　だって、そこまで練習と実践を繰り返し見てあげたメンバーは、同じような案件で、「また同行をお願いします！」って頼ってきますかね？
川村　いえ、きっと一人で行ってくれると思います。
香坂　じゃあ、いままで通り、香坂さんが前に出て商談を決めてあげるスタイルの同行ではどうですか？
川村　それは……また、私が出ていかないと……。
香坂　ですよね。今日も同行、明日も同行。いつまで経っても、余裕なんてできませんよね。
川村　……。
香坂　香坂さん、いまのメンバーの倍の二〇人の規模になったときにも、同行は続けますか。
川村　いえ……、やってあげたくても、とても手が回らないと思います。
香坂　ですよね。香坂さん、もうお気付きだと思いますけど、メンバーにとって大事なのは、目先の一件よりも自分自身の成長でしょ？

香坂　それはもちろん……メンバーの成長ですけど。

川村　では、マネジャーである香坂さんにとっては、どうですか？

香坂　えっ、私にとって？

川村　香坂さんにとっても、そっちのほうがマネジャーとしてラクができますよね。

香坂　えっ、ラク？　ラクしていいんですか？

川村　いえ、ラクって言っても、サボるってことじゃないですよ。でも、なんでもかんでも手取り足取り面倒を見ていたことを、メンバーが一人でできるようになってくれたらどうですかね？

香坂　すごくありがたいことです。

川村　そんな自立したメンバーに囲まれたマネジャーって、どうですか？

香坂　それは……、きっと最高だと思います。

川村　ですよね。メンバーから頼られる機会が少なくなってきたら、シメシメって感じなんです。僕なんて、「久しぶりに同行してあげようか？」って聞いても「川村さんがいると無駄に緊張するだけで、お客さんも私も疲れるんで、けっこうです」なんて煙たがられていましたから。本当に、ラクさせてもらってましたよ。ハハハ。

香坂　私もそうなれることを目指します。ハハハ。

川村　あ、そういえば、僕の同行の目的ってなんなのか、まだ伝えていませんでしたね。

香坂　は、はい。

川村　「普段教えてもらっている通りにやれば、うまくいく。お客さんは喜んでくれる」っていうことを現場で、すぐそばで、メンバーに身をもって確信してもらうこと。それだけです。

香坂　目的がそれだけって……、契約を決めるのは二の次ってことですか？

川村　えっ？　もちろん契約はお預かりしますよ。だって、僕が同行して、普段教えてる通り、〈トレーニング通り〉にやりさえすれば、ほぼほぼ決まっちゃいますから。ハハハ。

香坂　なるほど、参りました。ハハハ。

川村　ただ、今日の夕方の新人同行は、もう準備が間に合わないでしょうから、香坂さんがビシッと決めてあげてくださいね。

香坂　は、はい！

八

「メンバーを管理し、まとめるのがマネジャーの仕事」それで毎日楽しめていますか？

川村　だいぶ時間も経ちましたけど、香坂さんから聞いておきたいことってありますか？

香坂　細かいことまで含めると、たくさんありすぎて……。

川村　ハハハ。その中でも、とくに気になることってありますか？

香坂　はい。今日、川村さんの話を聞けば聞くほどマネジャーの仕事って奥が深いなって感じているんですけど……。なにかまだ、スッキリしなくて……。

川村　あらら、スッキリさせないまま終わったら僕もスッキリしないんで、香坂さんのモヤモヤを晴らしていきましょう。

香坂　ぜひお願いします。きっとここが、モヤモヤの原因だと思うんですけど、マネジャーって結局、なにをする人なんですか？

川村　おっ、ど真ん中の直球が来ましたね。ズシッと受け止めましたが、僕が答える

香坂　前に、香坂さんはなにをする人だと思いますか。

川村　えっ、よくわからないから聞いているんじゃないですか。ハハハ。

香坂　ですよね。じゃあ、一緒に考えましょう。今日はいろんな情報が入ってきて頭が混乱していると思いますけど。ちなみに、昨日までの香坂さんは、どう考えていたんですか。

香坂　間違っているかもしれませんが……。メンバーを管理し、まとめ、モチベーションを上げ、売上を上げて、結果を出すのがマネジャーだと考えていました。

川村　ハハハ。大正解ですね。教科書にあるような答えをありがとうございます。

香坂　……ということは、大きくズレてるんですよね。

川村　いやいや、香坂さんだけがズレてるってわけじゃありませんよ。世の中のほとんどのマネジャーが勘違いしていることです。

香坂　えっ、勘違い？

川村　はい、そうです。

香坂　じゃあ、マネジャーって、いったいなにをする人なんですか？

川村　マネジャーというのは、会社が扱っている商品やサービスを、「そのエリアで、マネジャーであるあなた自身が、今期これだけ売ってください」と託されている人なんです。

香坂　私自身が、売ってくださいと……。

川村　はい。本来は、香坂さんが売って数字をあげなければいけない。売ることイコール香坂さんの仕事。それをメンバーのみんなに肩代わりしてもらって、手伝ってもらっているんです。

香坂　私の仕事を肩代わりしてもらって、手伝ってもらっている？

川村　ですから、メンバーが売れていないというのは、香坂さんが売れていないということ。メンバーがつらいと言えば、香坂さんがつらいということ。でも、メンバーが売れれば香坂さんが売れている。メンバーが課題を乗り越えたなら、香坂さんが課題を乗り越えた。メンバーが成長したなら、香坂さんが成長したってことなんです。

香坂　……。

川村　メンバーのいまある姿は、香坂さんの姿そのものなんです。

香坂　私の姿そのもの……。

川村　はい。もしメンバーに対して「あなたはなんで売れないの？」と言っていたとしたら、それは自分自身に向かって言っているのと同じ。

香坂　あっ、その言葉、よく言っちゃっていました。それが、まさか自分自身に言っているなんて思いもせず……。

川村　ですよね。ところで、その言葉の根底にあるマネジャーの意識って、なんだかわかりますか？

香坂　えっ、なんですか、教えてください。

川村　はい。僕がいままで接してきたほとんどのマネジャーがそうだったんですけど、「あなた売る人・わたし管理する人」っていう意識です。

香坂　あなた売る人・わたし管理する人……。私も、川村さんにそう感じられても仕方ないと思います。

川村　はい。ただ、お会いしてまだ半日も経たない僕ですら、そう感じてしまうってことは、毎日顔を突き合わせているチームのメンバーには、きっとバレてるでしょうね。ハハハ。

香坂　なんか悲しいやら、情けないやら、いろんな気持ちが入り交じっていますけど……。川村さん、私、どうすればいいんでしょうか？

川村　香坂さん、一つアドバイスしましょう。今日から、「わたし売る人・あなたたち管理する人」でいきませんか。

香坂　えっ、どういうことですか？

川村　もちろん、わたし売る人といっても、香坂さんが営業に出ていくわけではないですよ。

香坂　はい。メンバーが私の肩代わりをしてくれるってことは、先ほどのお話でわかってきたつもりです。ただ、「あなたたち管理する人」って、どういうことですか？

川村　さっき香坂さん、マネジャーの仕事って、「メンバーを管理して……」なんて話してましたよね。僕が思うのは、逆なんです。いつも、メンバーから管理されていたんじゃないかって。

香坂　……。

川村　メンバーから「あの人は自分のことしか考えていない」とか「結局チームの数字さえ上がればいいんだよ」とか「だって、オレたちのことなんて所詮、他人事なんだから」ってなっていないかどうか、いつもチェックされ、評価され、管理されているようなものでしたよ。

香坂　マネジャーがメンバーに管理されているなんて……。

川村　はい。香坂さんはいつも、二つの目で一〇人のメンバーを見ていますよね。

香坂　は、はい。

川村　ということは、香坂さんにはメンバーからの二〇個の目が、つねに向けられているんですよ。

香坂　想像すると、ちょっと怖いですけど……。

川村　マネジャーって、一般的には管理職って呼ばれますけど、じつは管理されてナンボなんです。メンバーの厳しい目があるからこそ、成長していけるんですよ。

香坂　管理されてナンボですか……。

川村　そう思うと、明日からのメンバーへの接し方って、変わってきませんか。

香坂　ただ、メンバーの目ばっかり気にしすぎちゃうような……。

川村　いまさらなにを気にするんですか？　香坂さん、もうメンバーにはバレバレなんですから。ハハハ。

香坂　確かに、バレバレですよね。ハハハ。

川村　そんなときは、どうしたらいいと思います？

香坂　うーん……。もう開き直るしかないですよね。

川村　はい。それが香坂さんにとっては、一番気持ちよくできるんじゃないですか。ただ、ほんのちょっとの勇気は必要ですけど。

香坂　川村さん、勇気なら大丈夫です。今日のこの時間のおかげで、恥ずかしいことなんて、なにもなくなりましたから。

川村　香坂さん、その意気ですよ。

香坂　はい、頑張ります！　川村さん……、最後に一つだけいいですか。

川村　はい、もちろん。

香坂　自分がメンバーのときは、期初に立てた目標をクリアしさえすれば、気持ちよく達成感が味わえていたんです……。

川村　はい。

香坂　ところがマネジャーになった途端、その達成感がどこかにいっちゃって……。

川村　なるほど、それで？

香坂　あるメンバーはうまくいっても、あるメンバーはうまくいかない。あるメンバーは順調に育っても、あるメンバーはさっぱり育ってくれない。あるメンバーはどんどん自ら動いてくれるのに、あるメンバーは何度言っても行動してくれない……。本当に、営業と違って、いつまで経ってもスッキリしないんです。

川村　あらあら、また「スッキリしない」ですか。ハハハ。でも、すごいじゃないですか、香坂さん。まさに僕もマネジャー時代に同じことを感じていましたよ。

香坂　えっ、川村さんでもそうだったんですか。じゃあ、このモヤモヤから抜け出す方法を教えてください。

川村　いやいや、抜け出す方法があったら、僕が教えてもらいたいくらいですよ。ハハハ。

香坂　えっ？

川村　だって、マネジメントに終わりはありませんから、モヤモヤの中をずっと歩いていくようなものなんです。

香坂　えっ、ずっとスッキリしないってことですか？

川村　マネジャーという道を選んだ以上、そうなりますすね。

香坂　……。

川村　香坂さん、たとえば今期、チームの業績が全社トップをとれたとしましょう。すごく達成感のある期末を迎えて、すごくスッキリすると思いますか？

香坂　いえ……。まだ想像もつきませんけど。

川村　いま、想像してもらえますか。待ってますから。

香坂　……。

川村　……。

香坂　……確かに、一瞬だけは達成感もあって、メンバーと一緒に喜んでいる自分の姿も浮かびますが、そのメンバーたちへと目を移すと、力を出せないまま期末を終えてしまって、いまなお苦戦している人も何人かいる……。その人たちの来期のことを考えると、いてもたってもいられなくなっている自分の姿があります……。

川村　ほら、香坂さん、早くもモヤがかかってきましたね。ハハハ。

香坂　あっ、本当に……。

川村　でも、それって、メンバー思いのマネジャーにしかかからないモヤだとしたら、どうですか。

香坂　あっ!?

川村　おっ!?

香坂　メンバー思いのマネジャーにしかかからないモヤだったなんて……。むしろスッキリしなくていいんだって、すごくスッキリしました！　ハハハ。

川村　ハハハハハ。

一

「勉強会は全員参加させています」その意味ってなんですか？

×勉強会はもちろん全員参加にしている。

◎勉強会なんて予備校と同じ。だから、自由参加が当たり前。

二

「何度言ったらわかるの!?」それでメンバーが変わってくれますか？

×各メンバーに対して、問題点をしっかり指摘している。

◎自分に矢印を向け、トレーニング力をつける。

三

「ロープレをしっかりやらせてます」それでメンバー自らがやる文化になっていますか？

×よくメンバーにロープレをやらせている。

◎マネジャーが手本となり、率先してロープレをしている。

四

「できるメンバーには一目置いています」それでチームは一つになっていますか？

×できるメンバーには、干渉しないように気を遣っている。

◎できるメンバーには、どんどん相談して巻き込む。

五

「朝のミーティングでは成績のいい人を称賛しています」それだけで盛り上がっていますか？

×士気を高めるため、成績のいい人をきちんと讃えている。

◎苦戦している人にこそスポットライトを当てる。

六

「メンバーにはすごく期待しています」そのおかげでお互いしんどくなっていませんか？

×メンバーに、すごく期待をかけている。

◎メンバーが「成功したい」という思いを、心から信頼している。

七

「営業同行の目的は契約を決めてあげることです」それでメンバーは成長していますか？

×メンバーの商談は、同行して絶対に決めてあげる。

◎メンバーの商談前日までに、本番さながらのロープレをしてあげる。

八

「メンバーを管理し、まとめるのがマネジャーの仕事」それで毎日楽しめていますか？

×「あなた売る人・わたし管理する人」だと考え、接している。

◎わたしの代わりに、メンバーが売ってくれていると考え、接している。

第三章

真面目でメンバー思いのベテランマネジャー編

不正解なマネジメントでは、リーダーシップは発揮できない

森田さん（三十七歳）マネジャー歴七年

投資用不動産会社の営業マネジャーとして、一二名のメンバーを持つ。

メンバー時代には、親分肌で豪快な上司のもとで、ときにパワハラとも感じるマネジメントを受けてきた。その上司を反面教師とし、つねに穏やか、メンバー思いでありたいと心がけている。チームは社内トップの業績を上げ続けていて、自分のマネジメントに、とくに疑問は感じていない。

ある日社長から、「伝説のマネジャーと言われる人を紹介したいから、時間をつくってほしい」と言われた。川村の簡単なプロフィールを渡されただけで、面談の理由を森田が尋ねても「とにかく会えばわかるから」としか社長は答えない。いったいなんなんだ……!?と思いながら、オフィスで川村を待つことになった。

一「ビジョンは目立つところに貼っています」それでメンバーに浸透していますか？

川村　森田さん、本日はお忙しい中、お時間をいただきましてありがとうございます。

森田　いえ、こちらこそ。いま川村さんもおっしゃった通り、このあと予定がかなり詰まっていまして、六〇分で終えられるとありがたいのですが。

川村　あ、ですよね。良かったです。僕もそうなるとありがたいです。

森田　それなら良かったです。

川村　ただ、その時間内で、森田さんが変われるきっかけに気付いてもらえるかどうか。それ次第なんですけど。

森田　変われる？　私がですか？

川村　はい。森田さんが、です。

森田　いえいえ、外部の人から、なにか変えてもらうとか、私にはそんな必要はありませんよ。

川村　はい。僕には森田さんを変えることなどできません。あくまで、変われるきっかけに気付いてもらうだけです。

森田　なにかに気付く？　私にいまさら、なにに気付けと……。

川村　ハハハ。さすが森田さん。自信がおありなんですね。まあ、とにかく、今日はせっかくお時間をつくっていただいたので、六〇分一本勝負でお願いします。

森田　……。

川村　ところで、つい先ほど、たまたま目に入ったんですけど。

森田　なんでしょう？

川村　御社の二〇三〇年ビジョンです。オフィスのかなり目立つところに、貼ってありますね。

森田　ああ、あれですか。なにか気になりましたか？

川村　「お客様からもっとも信頼されるパートナーとなり、日本の不動産業界をリードしていく」。素敵なビジョンだと思いまして。

森田　ああ、あれは社長がコンサル会社の人とつくったものですから……。

川村　そうなんですね。ところでメンバーのみなさんにも、浸透していますか？

森田　確か一年ほど前のキックオフで、社長が気合いを入れて語っていましたから、

川村　ちょっとは意識しているんじゃないですかね。

森田　えっ、ちょっと待ってください。一年前のキックオフで社長が語って以来、誰も語っていないということですか？

川村　まあ、あまり耳にはしませんね。

森田　じゃあ、浸透なんてほど遠い世界ですね。

川村　まあ、ビジョンなんてものはあくまで理想であって、現実とは違いますから。

森田　と言いますと？

川村　そんな先のきれいごとの話をされても、現場のメンバーは目の前の数字を追うのに精一杯ですから。

森田　数年先のきれいごとなど、現場には必要ないと……。

川村　川村さんも営業の世界に生きてきたんですから、わかっていただけるでしょ。

森田　わかっていただける？　確かに、僕もずっと営業をやってきましたけど……。

川村　でも、ちょっと意外ですね。

森田　えっ、なにがですか？

川村　森田さんのチームは、社内でもナンバーワンの業績をずっとキープしていると社長から聞いていましたから。きっと、少しはメンバーのみなさんにも二〇三

森田　〇年ビジョンが浸透していると思っていましたので。

川村　メンバー以前に、森田さん自身、まだ腹落ちしていないとか？

森田　……。

川村　いえ、私なりに、社長の思いは理解しているつもりですけど……。

森田　ですよね。なんといっても、ナンバーワンチームを率いるリーダーですからね。

川村　……。

森田　いま、森田さんなりに「社長の思いは理解している」ということでしたけど、森田さん自身の言葉で、ビジョンを語ったことはあるんですか？

川村　私自身の言葉……？

森田　はい。「お客様からもっとも信頼されるパートナーとなり、日本の不動産業界をリードしていく」。確かに素敵ではあるんですけど、このビジョンって、御社だけが言えることですかね？　同業他社さんでも、似たようなものを掲げているかもしれませんよね。

川村　ああ、私もそう感じていますけど。

森田　えっ、森田さん、さっき社長の思いは理解していると言ってましたよね。だったら、その思いを込めて、誰かが現場で語っていかないと、ただの絵に描いた

森田　餅になりませんか？

川村　まあ、正直そんなところですかね……。

森田　……。じゃあ、毎週、社長に来てもらって、メンバーの前で語ってもらいますか？

川村　うちの社長はそんな暇じゃありませんよ！

森田　それは困りましたね。メンバーは誰も腹落ちさせてくれないビジョンを掲げられて、日々、目の前の数字だけを追い続けている。そんな状況を、現場のリーダーとしてどう感じますか？

川村　確かに、いい状態ではないのは認識していますけど、どこの会社も似たようなものじゃないですか？

森田　他の会社のことって、いま関係あります？

川村　……。

森田　あらためてさっきの話に戻るんですけど、「自分の言葉でビジョンを語っていますか？」と、森田さんに聞きましたよね。

川村　はい。

森田　ビジョンって、どうしても抽象的であいまいなところがあります。だからこそ、

森田　社長の思いに、森田さん自身がこれまで経験してきたことを載せて、具体的にメンバーに伝えてみたらどうですか？
川村　いや、その必要性をとくに感じていませんので。
森田　なるほど。ビジョンにはあまり興味がないと。
川村　だから、先ほどから申し上げていますように、社長がある日突然、言い出したことですから……。
森田　森田さんにとっては、他人事にすぎないと。
川村　……。
森田　森田さんがいま言ったこと、社長が知ったら、どう思いますかね？
川村　まあ、それはちょっと……。
森田　もし森田さんが社長だったら、どうですか？
川村　それは悲しい気持ちになりますかね……。
森田　ま、そのあたりは僕から社長に報告しておきますので。
川村　えっ、ちょっと待ってくださいよ、川村さん！
森田　冗談ですよ。ハハハ。
川村　……。

川村　森田さんならきっと、「お客様から信頼されるパートナーになれた」っていうエピソードがいくつかはありますよね。その森田さんならではの物語を語ることで、「うちの会社らしいビジョンだ」とメンバーも身近に感じ、愛着を持てるんじゃないですか。

森田　えっ、そんな急に、物語と言われましても……。

川村　ですよね。いいんです、いいんです。また、話したくなるときが、きっと来ると思いますから。

森田　……。

川村　そのとき初めて、あのビジョンが森田さんの中で、自分事になると思いますよ。

森田　自分事になる……？

川村　まあ、今日はお時間もないようなので、先に進みましょう。

㊁「マネジャーとして謙虚でありたい」その謙虚とはいったいなんですか？

川村　ところで、森田さん。社内には現在マネジャーが一〇人いらっしゃるようですね。

森田　はい、それがなにか？

川村　先ほどのビジョン浸透についてもそうですけど、トップマネジャーである森田さんが、他の九人のお手本となるような、ロールモデルになろうと考えたことはありませんか？

森田　はあ？　ちょっと待ってください。急におかしなことを言わないでくださいよ。私はそんなタイプではありませんし、そんな立場にもありませんから。

川村　タイプ？　立場？　それって、どういうことでしょう？

森田　ですから、一介のマネジャーにすぎないってことです。

川村　一介のマネジャーだと、ロールモデルにはなれないということですか？

森田　そうは言いませんけど、とにかく私がロールモデルにならなくても、きっと社長が誰かを指名して、その役を務めさせてくれますから。

川村　指名されたら、やるってことですか？

森田　まあ、そうかもしれませんが。

川村　自ら出すぎたマネはしたくないということですね。

森田　まあ、できれば謙虚でありたいと思っていますから。

川村　えっ、そういうのって謙虚って言うんですか？

森田　……。私なりには、そう思っていますけど。

川村　ちなみに、森田さんのイメージする謙虚な人って、どんな人なんですか？

森田　それは……、どちらかといえば控えめで……出しゃばらずに……自己主張もあまりせず、おとなしいイメージじゃないですか。

川村　森田さんはそういうタイプだということですね。

森田　まあ、そうだと思いますけど。川村さんとは違うタイプですから。

川村　それは、もしかして僕が、謙虚じゃないということですかね。よく言われます。ハハハ。

森田　……。

川村　先ほど、自分はそんなタイプとか立場じゃないとおっしゃいましたよね。じゃあ、ここで森田さんに一つ質問があるんですが、たまたま乗り合わせた電車の中で、お年寄りの男性が突然、バターンと床に倒れたとしましょう。森田さんは、とっさになにか行動をとりますか？

森田　いや、あまりにも突然の質問で、その場の様子によりますし、実際に立ち合ってみないと……。

川村　ですよね。とっさにはなかなか動けないですよね。でも、その方がかなり苦しんでいたらどうします？　冷静な行動をとるのは難しいと思いますが、「なんとかしなきゃ」という気持ちにはなりますよね。

森田　ええ。もちろん、気持ちはそうです。

川村　もし僕がその場にいても、森田さんと同じ心境だと思うんです。でも、そのときにたまたま、こういう人が現れたとしたら、どうでしょう？

「大丈夫ですかーっ!?」と駆け寄って、倒れた男性に大きな声でコミュニケーションをとって、「すみませーん！　お医者さんか看護師の方はいらっしゃいませんか！」と大声で周囲を見ながら声をかけて、「次の駅で降ろしますから、どなたか救急車を呼んでもらえませんか！」「どなたか私と一緒に肩を貸してくださる人はいませんか！」と呼びかける。そんなふうに、一瞬のうちにその場を仕切るような人がいたとしたら、どう感じますか？

森田 すごいと思います。

川村 ですよね。僕も同感です。自分にもそこまでのことをできる力があるとは思えませんが。

森田 私にも、できるとは……。

川村 で、森田さんにお聞きしたいんですけど、この人って、たまたま困っている人を放っておけないタイプだったり、たまたま普段の仕事もレスキュー隊員という立場だったりすると思いますか？

森田 ……。まあ、そんなことはないと思います。

川村 ですよね。きっと、タイプとか立場とか、まったく関係なしに動いていますよね。

森田 ええ……。

川村 大事なことをもう一つお聞きしますけど、この人って、誰かに「ああしろ、こうしろ」と言われて動いたんですかね？

森田 いえ……。自らの意思でやっています。

川村　ですよね。この人は自ら、お年寄りの男性が倒れたっていう問題を自分事として捉え、当事者意識を持ち、勝手に責任感や危機感を感じていますよね。

森田　はい……。

川村　そして同時に、緊張感やプレッシャーの中で、自ら手を挙げ、目の前の問題を解決すべく、周りの人を動かしていったと思うんです。

森田　確かに……。すごいリーダーシップですね。

川村　はい。森田さん、気付いてくれましたね。僕はこういう人こそ、リーダーシップがある人だと思うんです。本来のリーダーシップというのは、「あなた、リーダーシップを発揮しなさい」と他人から言われて発揮するものじゃありません。自らの意志で、発揮するものなんです。

森田　……。

川村　ちなみに、この人って、森田さんの言う謙虚な人のイメージではないですよね。出しゃばって、勝手にまわりの人へ指示を出してますから。

森田　まあ、一般的には謙虚とは言えないかもしれませんが……。

川村　じゃあ、こういう人は謙虚じゃないと、否定しますか？

森田　いえいえ、滅相もない。こういう、いざというときに二の足を踏むような謙虚さなら、私はそんなものいりません。

川村　いいですね、森田さん。カッコよく決めましたね。人助けができたり、人の役に立てたりするのなら、つまらない謙虚さなんていらないと。

森田　はい、そこは共感します。

川村　森田さん、やっと謙虚な人になってくれましたね。

森田　はぁ？　どういうことですか？

川村　謙虚な人というのは、ただ慎ましくしているとか、出しゃばらないとかではなくて、学ぶ姿勢のある人なんです。

森田　謙虚な人＝学ぶ姿勢のある人……。

川村　そういう意味では、誰がなんと言おうと、僕も自分としては、謙虚であるつもりなんですけどね。ハハハ。

森田　……。

㊂「会社の代表はあくまで社長」メンバーは本当にそう思っているのですか？

川村　ところで森田さんって、メンバーとのコミュニケーションは順調ですか？
森田　ええ、とくに問題ないので、うまくいっているとは思いますけど。
川村　なるほど。メンバーからはどんなマネジャーだと思われることが多いですか？
森田　自分で言うのもなんですけど、なんでも相談しやすい兄貴のような存在だと思いますけど。
川村　兄貴のような存在ですか。すごく近い距離感ですね。
森田　メンバーからなんでも相談してもらえるように、努めてオープンにしているつもりですから。
川村　あ、つもりなんですね。ちなみに、森田さんが新人メンバーのときの上司って、どんな人だったんですか？
森田　えっ……。それって、いまの話となにか関係あるんですかね？

川村　ちょっと気になっただけですけど。

森田　……。関係ないのでしたら、話を先に進めてもらえませんか。

川村　いえ。じつは僕自身もそうだったんですけど、ほとんどのマネジャーが、メンバーとして初めてマネジメントを受けたときの体験をずっと引きずっているんですよ。最初の上司だった人の存在が、良くも悪くも、その後のその人のマネジメントやビジネスマン人生に大きな影響を与えることが多いものですから。

森田　ああ、ま、確かにそういうことはあるんでしょうね……。

川村　なにか思い当たる節はありますか？

森田　……。あったとしたら、どうなんですか。少なくとも私は、元上司の悪い面は絶対にマネしまいと、自分なりに意識をしてきたつもりですけど。

川村　いいですね、森田さん。やられて嫌だったことはやらない。そこは僕も共感できますけど。元上司の方は、どちらかというとコミュニケーションが取りづらいタイプだったんですね？

森田　まあ、そんなところですよ。おかげで、僕はいいマネジャーになれていると思いますけど。

川村　反面教師ってとこですね。

森田　まあ、いま思えば、じつにありがたい先生でしたよ。

川村　なるほど……。今日、一つ気になっていたことがあるんですけど。

森田　なんですか？

川村　一つ、わかったような気がするんです。

森田　だから、なんなんですか？

川村　先ほど、会社のビジョンの話をされているときに、森田さんがどこか冷めたような口調だった理由です。

森田　え？　どういうことでしょう？

川村　森田さん、メンバーが会社のことを好きになるかどうかは、たまにしか会ったり見かけたりしない社長のことを好きかどうかで決まると思います？

森田　もちろん、それだけでは……。

川村　それは、日々顔を突き合わせる自分のマネジャーのことを好きになるかどうかで決まるんです。

森田　……。

川村　ですから、いまのメンバーからすれば、マネジャーのあなたを通してしか会社を見られないんです。あなたがイキイキしていれば、うちの会社はイキイキしてる。あなたが面白そうに仕事をしていれば、うちの会社って面白い。あなたがつまらなそうに仕事をしていれば、うちの会社はつまらない。そんなふうに、メンバーは感じるんです。

森田 ……。

川村 僕は、そんなスタンスで、ずっとメンバーと向き合ってきました。

森田 ……。

川村 もう気付いていますよね。

森田 川村さんは、こうおっしゃりたいのですね。会社＝私だと……。

川村 その通りです。

森田 ……。

川村 謙虚な森田さんにとっては、少しおこがましく感じられますかね？

森田 ……。謙虚というわけではありませんが、そのあたりは、社長や役員の仕事だと、任せっ放しになっていたと思います。

川村 他人事だったと？

森田 は、はい……。そう言われても、仕方ありません。

川村 森田さん、世の中のほとんどのマネジャーが「会社＝自分自身」なんて思っていませんよ。でも、そのくらい「会社を代表しているんだ」っていう気概を持ったマネジャーなら、メンバーは自然とついていきたくなると思いませんか？

森田 確かに……。私もそういう人と働いてみたかったです。

川村 森田さんがそういう上司と働けなかったのは残念ですけど、次は森田さんが「一緒に働いてみたい」と思われるマネジャーになる番ですよね。

森田 はい。私なりにできることから……。

川村 あっ、森田さん。約束の六〇分、もう半分くらいいってますけど、このペースで大丈夫ですか？

森田 ……。あの……。

川村 どうかされました？

森田 ところで川村さんこそ、このあとお時間は大丈夫なんでしょうか？

川村 僕はたっぷり時間を空けていましたけど、確か……森田さんの予定が詰まっていましたよね？

森田 いえいえ。川村さんとのお話以上に大切な予定なんて、一つもありませんから。

川村 あれ、意外とお暇だったんですね？

森田　そんなことはありませんけど、優先順位を変えただけです。
川村　ハハハ。ちょっとは僕の順位も上がったみたいで。
森田　いえいえ、そんなつもりは……。
川村　ちょっと事前期待値が低かっただけですよね、ハハハ。

㊃「悪い話こそ、きちんと報告してほしい」それで偽りのない報告が上がってきていますか？

森田　ところで、川村さん、社内に相談する人もいないので、いくつか聞いてもいいいですか。
川村　もちろんです。なんなりと聞いてください。
森田　私なりに力を入れて、多くの時間を割いているのが、メンバーの活動管理なんですけど。
川村　さすがですね。それがあるからこそ、森田さんのいまの実績があるんですね。
森田　いえいえ。

川村　僕なんか、そういった細かい管理ができないタイプでしたから。で、なにか問題でもあるんですか？

森田　ええ……、じつは、しっかりとやってきたつもりの活動管理なんですけど、だんだんと適当につくろった活動報告が増えてきたんです。

川村　なるほど。たとえば、どういうことですか？

森田　お客さんに会ってもいないのに、会ったことにして活動量をごまかしたり、完全に断られているはずなのに「そろそろ決めてくれそうです」と、Aランクの見込みに上げてきたりとか……。そういう報告が、新人にパラパラと見えてきているんです。

川村　あらあら、それはちょっと心配ですね。

森田　はい……。

川村　活動量を水増ししたり、うまくいってるふうな報告ばかりしてきたりするわけですね？

森田　そうなんです。私からメンバーにはいつも、「うまくいってることより、うまくいってないことを伝えてくれ」と、口酸っぱく言ってるつもりなんですけど……。

川村　なるほど。それでバッドニュースをバンバンとメンバーから伝えてもらっているという話は、あまり聞いたことがないんですけど。

森田　はい。すぐにバレてしまうのに、どうしてそんなことをしちゃうのか……。

川村　でも、メンバーがそんな言動をとるのは、なにか理由があるわけですよね。森田さん、なにか思い当たることはありませんか？

森田　その理由？　まあ、自分をよく見せたいということじゃないですかね。

川村　それだけですか？　他にはありませんか？

森田　いえ……なんですかね？

川村　そうですか。じゃあ一つお聞きしますけど、メンバー全員がそういう状態なんですか？　中には、きちんと包み隠さず報告するメンバーもいませんか？

森田　はい、何人かはいます。

川村　そのメンバーたちがバッドニュースを報告してきたとき、森田さんはどうされているんですか。

森田　それは当然、二度と同じことを繰り返さないように、本人に厳しく注意しますけど。

川村　たとえば、どんな感じですか？

森田　状況にもよりますけど、「なんでこんなことになったんだ！　ダメじゃないか！」と、叱りつけることもありますかね。

川村　なるほど……。そのときの森田さんの気持ちって、どんな感じですか？

森田　それはもう、「何度も何度も同じようなことを言わせないでくれよ」っていう気分ですよ。こっちだって、好き好んで叱ってるわけじゃないですから。

川村　なるほど……。森田さんの気持ちはわかりました。ところで、そのときのメンバーって、どんな気持ちになると思いますか？

森田　えっ、そんなこと考えたことなかったですけど。

川村　えっ、考えたことがない？　じゃあ、いまちょっと考えてもらえますか。

森田　……。

川村　森田さんの指示通りに悪い報告を、つまり、言いにくい話をわざわざしてくれたんですよね。

森田　は、はい。

川村　それで、こってり叱られているメンバーの気持ちって、もし森田さんがメンバーの立場だったら、どうですかね？

森田　……。「せっかく勇気を出して言ったのに、なんだよ、この人」と思うかもしれません。

川村 ですよね。それで？

森田 ……。せっかく報告したのに、怒られ損じゃないか。

川村 そうなりますよね。で？

森田 面倒くさいから、もう二度と悪い報告なんてしてやらない……。

川村 ……と、心に誓うんじゃないですか。

森田 確かに……。でも、そうは言っても、川村さんだって、同じ状況だったら叱っていたんじゃないですか。

川村 ああ、やっぱりそう思いますよね。残念ながら、そのまったく逆です。

森田 えっ、逆って？

川村 僕の場合はバッドニュースを報告してくれたメンバーに、むしろほめて感謝していました。

森田 ほめて感謝!?　どういうことでしょう？

川村 こんな感じですかね。「勇気を出して伝えてくれてありがとな。一人で問題抱えて大変だっただろう。じゃあ、これからどうすればいいか、一緒に考えていこう」って。

森田　……。

川村　もちろん、僕だって心の中では「なんでこんな状況になったんだ」と腹が立つこともありますよ。

森田　ですよね。

川村　ただ、ほんの一瞬、二秒だけグッとこらえて呑み込む。そうすることで、メンバーは安心して、いいことも悪いことも報告してくれるようになっていくんですよ。

森田　二秒だけグッと……。

川村　そういうときの二秒って、めっちゃ長く感じるんですけどね。ハハハ。

森田　……。私にもできますかね。

川村　ハハハ。大丈夫ですよ。新人マネジャーの頃には怒ってばかりだった僕でもできるようになったんですから。

森田　でも、そんなに急に変われますかね。

川村　はい。もちろん練習は必要です。

森田　練習？

川村　じゃあ、いま早速やってみますか。はい、バッドニュース入ってきました！

森田　はい、深呼吸！　大きく息を吸ってー、はい、吐いてー。
川村　スー、ハーーー。
森田　森田さん、バッチリです。四秒を超えてましたよ！　その余裕があれば、大丈夫です。
川村　スー、ハーーーー。スー、ハーーーー。
森田　スー、ハーーーー。ハハハハハ。
川村　ハハハハハ。

五
「活動管理は細かくやっています」それはなんのため、誰のためですか？

森田　ところで、川村さんは細かい管理ができないタイプだったと、先ほどおっしゃいましたよね。マネジャー時代、メンバーの活動管理はどうされていたんでしょうか？
川村　一言で言うなら、ざっくりかな。

森田　と言いますと？

川村　森田さんがマネジメントしているのは営業パーソンですよね。その営業という仕事の魅力って、なんだと思いますか？

森田　いろいろありますけど、直接いろんなお客様とお会いして、価値を提供できるってことですかね。

川村　はい。それも一つの魅力ですけど、かなり優等生的な答えですね。それだけでメンバーのみなさんは頑張れますか？

森田　いえいえ、やればやっただけ、お金も稼げますし……。

川村　はい、もちろん大事なことですね。でも、それだけですか？

森田　いえ、結果さえしっかり出していれば、時間も営業のやり方も自分の自由になるっていうのも大きいですね。

川村　同感です。僕自身も若い頃から好きにやらせてもらっていたんで、営業マンは自由であることが大きな魅力の一つだと思っています。

森田　川村さん自身が自由にやらせてもらったから、メンバーたちにも自由にやらせてあげたと……。

川村　はい。もちろん、自由があれば果たすべき義務や責任があるのは大前提ですけど。

森田　それは、もちろんそうですね。

川村　だから極力、ガチガチの管理はしてこなかったんです。

森田　確かに、中堅やベテランのメンバーならそれでもいいかもしれませんけど、新人のうちはある程度の管理はしたほうがいいんじゃないですか？

川村　そこは僕も賛成です。ところで森田さんって、新人に対してどんな活動管理をやっているんですか？

森田　日々の活動や進捗、結果の報告をまとめた日報を、必ず提出してから帰宅してもらっていますけど。

川村　なるほど。ちなみに森田さん、メンバーから出てきた日報のフィードバックは、毎日欠かさずやれていますか？

森田　極力やっていますけど、日によってチェックできたりできなかったりはあります。

川村　そうなんですね。メンバーには毎日必ずやらせて、森田さんはやったりやらなかったりなんですね？

森田　……。

川村　ところで、メンバーが日報を書く目的って、なんでしたっけ？
森田　それは、日々の業務連絡をしてもらうことが一番の目的だと。
川村　えっ？　それ、真面目に言ってます？
森田　……。いや、メンバーが私のアドバイスを求めているからだと思います。
川村　ですよね。つまり、森田さんとコミュニケーションをとるためですよね。
森田　は、はい。
川村　それがしっかりできていないのなら、日報なんて必要あります？　いっそのこと、やめちゃったらどうですか？
森田　えっ？　まったくやめてしまえということですか。
川村　だって、新人メンバーからすると、日報を森田さんに提出することが仕事になっちゃっていませんか？　自分のためじゃなくて、森田さんのために。
森田　私のため……。
川村　はい。しかも結果として、森田さんの良かれと思っている管理が、新人たちのモチベーションを下げているとしたら、どうですか？
森田　私がメンバーのモチベーションを下げてるって、どういうことですか!?
川村　えっ、じゃあ、上がってます？

森田　なにをおっしゃるんですか！　メンバーのモチベーションを下げてでも、やらなきゃいけないことってあるでしょ!?

川村　ハハハ。そこまで声を荒げて自信満々に言われちゃうと、さも正解かのように錯覚しそうになりますね。

森田　さ、錯覚って、どういうことですか？

川村　だから、あなたの言い分が正しいんだと、勘違いしてしまいそうだということです。

森田　私が間違ってるとでも言うんですか!?

川村　……。でも森田さん、ちょっと考えてほしいんですけど、あなたがもしあなたのメンバーだったら、あなたがいまやってる活動管理を受けたいと思いますか？

森田　……。

川村　その日報とやらを、疲れがピークの仕事終わりに、高いモチベーションで書いてる姿が思い浮かびますか？

森田　……。

川村　しかも翌日、なんのフィードバックもなかったら、どうですか？

森田　そ、それは……。
川村　森田さん、営業って、結果を出してナンボでしょ？
森田　はい、それはもちろん……。
川村　あなたのいまやってるマネジメントが、メンバーの結果に直結しているのなら、どうぞそのまま続けてください。僕に言えることはそれだけです。
森田　……。
川村　……。
森田　川村さんは、新人メンバーがどんな活動をしているのか、把握しておく必要がないと言うんですか。
川村　いいえ。僕も最低限、メンバーの活動を把握しておく必要があるとは思っていましたよ。
森田　だったら、私と一緒じゃないですか。
川村　ただし、日報なんて細かく見ていませんよ。だって、メンバーの手帳やパソコンのスケジューラを見れば一目瞭然じゃないですか。僕の管理といえば、いえ、これが管理と言えるかどうかわかりませんが、毎日メンバーたちが座っている島をぐるりと回っていくんです。

森田 それで、なにをするんですか?

川村 一人一人の手帳をめくりながら、今週、来週の予定をチェックして、「あらま、今週もお忙しそうねー」とチクッと言ったり、「おっ、さすがトップセールスの○○君。すごいね、拍手!」と、みんなにその真っ黒な手帳を見せて鼓舞したり。まったく予定の入っていないメンバーには「○○君、おつかれさまでした。短い付き合いだったね」と言うと、メンバーたちからドッと笑いが起こったり。

そんなことを毎日やっていました。さすがに手帳にまで、ウソの予定を書くメンバーはいませんからね。ハハハ。

森田 ……。確かに、管理って言葉は当てはまらないと思いますが……。メンバーからすると微妙な緊張感があったり、ほめられたり、笑いがあったり、チームの一体感は感じますね。

川村 そんな一体感ということまで考えて始めたことじゃないですよ。ただ、僕にはそんなやり方しかできなかっただけです。

森田 そのやり方で、本当にうまくいったらいいんですけど……。

川村 はい。うまくいくかどうかは、わかりません。でも、少なくとも、森田さんが

森田　いま悩んでいる、事実とは違う報告をされたり、メンバーのモチベーションを下げてしまったりすることは解消できるんじゃないですか。
川村　確かに……。
森田　それに、なによりラクになりませんか？
川村　ラクってどういうことですか？
森田　メンバーたちも、森田さんも、毎日の業務の中での大きなストレスが一つなくなりませんか。
川村　まあ、そう言われれば、そうですが……。
森田　ですよね。じゃあ、やっぱり、日報はやめましょう。
川村　は、はい。一度、試してみたいと思いますが……。
森田　森田さん、きっと不安ですよね。
川村　はい。
森田　大丈夫です。ちょっとラクになった分、森田さんもメンバーも時間が空きますよね。その分、毎日五分でも一〇分でもメンバーと向き合ってください。「今日はどうだった？」と対面のコミュニケーションをとる時間を増やしていくってことは、決して忘れないでくださいね。

森田 なるほど。形は違いますけど、そもそもの日報の目的だったメンバーとのコミュニケーションを、対面でとっていくっていうことですね。

川村 大事なことに気が付いていただけて良かったです。

森田 ありがとうございます。私なりにやってみます！

川村 森田さん、念のために断っておきますが、いまお伝えした日報をなくすマネジメントは、あくまでメンバーのモチベーションが下がるのが、止まるだけですからね。

森田 モチベーションが下がるのが止まるだけ？

川村 たぶん、「日報をやめる」と言った瞬間、メンバーから歓声がわくくらい喜んでくれると思いますよ。ただ、それも束の間。一、二週間も経てば、これまでとなにも変わらない、しんどい営業活動の日々に戻りますから。

森田 確かに、それはすぐそうなりますよね……。じゃあ、そのメンバーのモチベーションを上げるためには、いったいどうやっていけばいいんでしょうか？

川村 ハハハ。そう焦らないでください。そのあたりは、おいおい気付いてもらうことになりますから。

六

「メンバーを守ることこそが私の務めです」それでメンバーの何が守られるんですか？

川村　ところで、メンバーのマネジメントで、森田さんがもっとも大切にしていることって、なんですか？

森田　大切にしていることはいろいろありますけど、一つに絞るとしたら、なにがあろうとメンバーを支えることですかね。

川村　なにがあろうとメンバーを支えるって、どういうことですか？

森田　まあ、メンバーが困っているときに、一人にさせないってことです。

川村　その一人にさせないっていうのは、どういうことですか？

森田　一言でいえば、メンバーを守るってことですかね。

川村　守る？　あれ、ますますよくわからなくなってきました。ところで、そのメンバーを守るって、どういうことですか？

森田　守るは、守るですよ。それ以上の意味なんてないじゃないですか？

川村　いやいや、守るって言葉の意味はわかってますよ。メンバーを守るために、具体的にどんな行動をとられているんですか？

森田　まあ、いろいろありますけど。お客さんの年収の問題でローンを組むのが難しそうなときに、なじみの銀行の支店長に無理を聞いてもらうとか。社内の他のチームのメンバーとお客さんがバッティングしたときに、そっちのマネジャーとうまく話をつけるとか。めったにありませんけど、クレームが入ったときには、メンバーの盾になってお客さんと向き合うとか。まだ他にもいろいろありますけど。

川村　なるほど。それが森田さんの考える、「メンバーを守る」ということなんですね。

森田　まあ、そういうことです。

川村　……。そうですか……。

森田　えっ、なにか私、間違っていますか？

川村　いえ、いま森田さんが言ったような、銀行との交渉も、社内調整も、クレーム処理の同行も、僕は一度もやったことがないので。

森田　一度もない？

川村　はい、一度もありません。

森田　川村さんのいた業界は我々とは違いますから銀行との交渉はないにしても、社内でのバッティングや、クレームはありましたよね？

川村　確か、何度かあった気がします。

森田　じゃあ、困っているメンバーが目の前にいるのに、マネジャーとして、なにもしなかったということですか？

川村　いえいえ、なにもしなかったというわけではありませんよ。ただ、森田さんのように、マネジャー自ら動くことはいっさいしなかったです。

森田　……。

川村　ところで、そもそも森田さんが、メンバーを守る目的って、なんなのですか。

森田　それはもちろん、メンバーが自立するまで支えるのが私の仕事ですから。それこそが守るっていうことです。

川村　ああ、メンバーの自立が、最終ゴールなんですね。それは良かったです。僕とまったく同じですから。

森田　そこがわかっていただけるなら、私もちょっとホッとしました。

川村　いえいえ、ホッとするのはまだ早いような気がしますけど……。で、森田さんがやっている行動は、メンバーの自立のためになっているのですか？

森田　そりゃ、メンバーが自立して力をつけるまで、路頭に迷わせないよう手取り足取り支えるのは当たり前でしょ。

川村　はい。安心してください。森田さんのメンバーに対する愛情は十分に伝わっていますよ。ただ、僕が聞きたいのは、あなたの行動が、メンバーの自立というゴールに早く辿り着けることにつながっているのかどうか、ということです。

森田　だから、路頭に迷わせないように。

川村　……。確かに、路頭に迷わせて、つぶれちゃったら困りますけど。ときに迷子になったり、公園のベンチで一人ポツンと佇んだり、泥まみれになってあちこちを擦りむいて帰ってきたほうが、メンバーってたくましくなりませんかね。

森田　川村さんは僕のことを、メンバーに対して過保護になりすぎていると？

川村　そうなりますね。マネジャーが本当に考えないといけないことは、銀行のローンが通らない案件を持ってくるメンバーに対して、それがスムーズに通るマーケットにどう導いてあげるか。お客さんからクレームが出ない人間関係を築く力をいかに付けてあげるか。社内でバッティングがあったときに、一つや二つ譲れる余裕をどうつくってあげられるか。そうなるように指導していくことが、マネジャーの仕事だと思っています。森田さんはどう感じますか？

森田　……。確かに、おっしゃる通りです。ただ、川村さん、社内調整や銀行の話はともかくとして、お客さんから猛クレームが入ったときにも、メンバーと一緒にお詫びに行かなかったということですか？

川村　はい、一度も行ったことはありません。

森田　えっ？　マネジャーとして、なにもしなかったんですか？

川村　まあ、なにもしなかったという言い方もできますけど、メンバーとじっくり話はしましたよ。まずは状況を正確に聞いて、たとえば森田さんがそのメンバーとするなら、「それで、森田はこの状況をどうしたいの？」「森田がお客さんの立場だったら、なにをやってほしいと思う？」「どうやったら、問題解決できると思う」と尋ねるんです。メンバーは普通、どう答えると思います？

森田　「とにかく徹底的に謝るしかないと思います」じゃないですか。

川村　すると、「だよね、他にできそうなことはある？」って、また尋ねて、メンバー本人に解決策を考えてもらう。あとは、「わかった。その方向で、精一杯全力でやってみてよ」と言って、「あ、切腹最中の手土産も忘れずにな」と、一言添えますかね。ハハハ。

森田　……。

川村　僕のやり方、なにか間違ってますかね？

森田　メンバー本人に考えさせるというのは、確かに大切だとは感じます。ただ、「とにかく上司を連れてこい！　責任者を出せ！」って言うお客様もいますよね。

川村　それでも川村さんは同行しなかったということですか？

森田　はい。

川村　それじゃ、お客様だって納得しませんよね。メンバーがポツンと一人で行って、どうなるっていうんですか？

森田　いやいや森田さん、クレームの内容にもよりますけど、たいていのお客様は、一旦上げた拳を下ろせなくなっているだけなんですよ。そこに、たかがマネジャークラスの人間が行って収まるなら、そもそもたいしたクレームなんかじゃないんです。

だから、営業マン一人が行って、誠心誠意、思いっきり頭を下げて、今後の対応策さえしっかりしていれば、責任者なんて連れていかなくても、たいていのお客様は理解を示してくれるはずですけど。

森田　……。

川村　だって、本当の責任者なんて社長しかいないんですから。

森田　確かに……。

川村　どうでしょうね。森田さんがクレーム対応に同行して、メンバーの盾となって問題解決するのと、メンバーが自分一人で考え抜いて、自ら矢面に立って解決してくるのと、どちらがメンバーの成長につながると思いますか？

森田　それは、メンバー一人にやらせたほうが……。

川村　ですよね。僕がなんのためにそうしてきたか、森田さんはもうおわかりですよね？

森田　誰にも頼らずに、独り立ちできるように。つまり、メンバーを自立させるためだと。

川村　はい。メンバー全員を自立させること、それこそが僕のもっとも大切な務めでしたし、森田さんの言葉を借りれば、守るということになるかもしれませんね。

森田　……。私のやっていたことが、メンバーの自立を遅らせるだけで、守ることになどなっていなかったとは……。

川村　ところで、本当に森田さんが守りたかったものって、いったいなんだったんでしょうね？

森田　……。

川村　僕が感じていることを言ってもいいですか。

森田　は、はい……。

川村　これまで数多くのマネジャーを見てきましたけど、メンバーを守るというよりも、自分を守るために行動しているという人が少なくないんです。

森田　メンバーではなく、自分を守る……？

川村　はい。メンバーからすると、あれもこれもしてくれる、いいマネジャーに見えますよね。ただ、それ自体が目的になっちゃってる。

森田　いいマネジャーに見られたいと。

川村　はい。それで自分の立場を守ろうとする。

森田　……。

川村　僕は、いいマネジャーに見られたいなんて思ったことは、一度もありません。ただ、いいマネジャーではいたかった。だからこそ、ときにメンバーから嫌われても、親身になってくれないと思われても、ほったらかしだと言われても、メンバーの自立につながる行動だけを選んでいました。

森田　たとえ嫌われても、メンバーの自立につながる道を選ぶと……。

川村　はい。
森田　……。私も、いいマネジャーでいたいです。
川村　きっと、そう来ると思っていました。
森田　お、お願いします！
川村　もちろん。森田さんがいいマネジャーになるためなら、僕は嫌われてもお付き合いしますよ。ハハハハ。

⑦ 「メンバーの立場で考えるようにはしています」それで本当にメンバーの気持ちになれていますか？

森田　ありがとうございます。そのお言葉に甘えて、まだ聞きたいことがあるんですけど、よろしいですか？
川村　もちろん、どうぞ。
森田　でも、こんなことを聞くと本当に嫌われてしまうかもしれません……。
川村　ハハハ、大丈夫ですよ、覚悟していますから。

森田 じゃあ、お願いします。どうして川村さんは、そんなに大胆な考え方でマネジメントができるのだろう？　と思いまして。その自信は、どこから来てるんですか？

川村 やっぱり自信過剰に見えますかね？

森田 い、いえ。まあ、少し……。すみません、失礼なことを言って。

川村 ハハハ。よく言われますから、気にしないでください。まあ、こう見えても、じつはとっても心配性なんですけどね。

「あの言い方できちんと伝わっただろうか？　もっとメンバーの言い分を受け止めてあげれば良かったんじゃないだろうか？　もっといいコミュニケーションのとり方があったんじゃないか？」って。一人反省会をいつもしていますよ。

森田 川村さんでも、そうなんですか？

川村 「川村さんでも」って、世の中で頑張ってるすべてのマネジャーの悩みは、メンバーとのコミュニケーションの中にしかないでしょ。

森田 悩みはコミュニケーションの中にしかない？　どういうことですか？

川村 僕が今日、森田さんにお伝えしたこと、たとえば「ビジョンが浸透しないなら、自分の言葉で語る」「つくろった日報を出させるくらいなら、やめてしまう」

「メンバーの自立を妨げているようなら、ほったらかしておく」。どれも、メンバーとのコミュニケーションの話ですよね。

森田　確かに……。

川村　むしろ、「メンバーとのコミュニケーションに悩んでません」なんて言うマネジャーがいるとしたら、よほど感受性が低いか、なにも考えていないということになりますね。

森田　……。

川村　あ、そういえば、森田さんは最初、「悩みなどありません」って話でしたよね？

森田　いえいえ、川村さん。おかげで、いまは悩みだらけですよ。

川村　ハハハハハ。考えることがいっぱいでいいですね。ただ、森田さん。まあ、いくら悩んでも、コミュニケーションに「これが正解だ」という答えなどありません。

森田　じゃあ、どうすればいいんですか？

川村　はい。僕が悩んだときには、いまから言う三つのことに、立ち戻っていました。

森田　えっ、ぜひ教えてください！

川村　一つ、メンバー時代にマネジャーからされてうれしかったことは、どんどんやる。一つ、マネジャーからされて嫌だったことは絶対にやらない。一つ、自分がもし、いまの自分のメンバーだったら、きっとこうしてくれたらうれしいだろうなということを先回りしてやる。これだけです。

森田　すごくシンプル！

川村　はい。迷ったときには、シンプルにしておかないと。

森田　ただ、一つめ、二つめはわからないでもないんですが、三つめに言われた、「自分がもし、いまの自分のメンバーだったら」というのは、どういうことでしょう？

川村　はい。まさに三つめが一番大切なんです。マネジメントは「メンバー目線で考えよう」とか「メンバーの立場に立って」とか、よく言いますよね。それと似てるようで、まったく違うんです。だって、考えてみてください。「自分がもし、いまの自分のメンバーだったら」ということは、僕の言動をつねに監視していて腹の内までも知ってる、もう一人の自分が、チームの中に存在しているんですよ。

森田　もう一人の自分がチームの中に……。

川村　「みんな期末は追い込めよ！　個人目標は絶対にクリアしろよ！」と言いつつ、

じつは「自分のチームの数字を達成したいだけじゃないの？」とか。「もっと目の前のお客様のことを考えろよ！」と言いながら、「自分は目の上の上司のことしか考えていないんじゃない？」とか。そんなことをすべて見透かされている状態って、ある意味、恐怖ですよね。ハハハ。

森田 確かに、ゾッとします……。

川村 だから、なにか一つ施策を打つときも、「これってメンバーである自分のためを思ってやっているのか、マネジャーである自分のためだけにやっているのか」と、つねに自問自答していました。

森田 ……。

川村 もっと単純明快に言うなら、いまの自分のチームで、自分がメンバーとして働きたい、いまの自分にマネジメントされたいと思える。自分が働きたくなるチーム、メンバーとして誰かに自慢したいチームづくりができている。それって、かなりいい線いってるマネジャーじゃないですか。

森田 かなりいい線どころか……、そんなの最高じゃないですか！

川村 ところで森田さんはどうです？　もしメンバーだったら、いまの自分のチームで働きたいですか？

森田 そんなの考えたこともなかったですけど……。いいところも悪いところもあるので、働きたいような、働きたくないような。微妙ですね……。

川村 ハハハ、微妙なんですね。

森田 むしろ、川村さんのメンバーになって、一から育ててもらいたいくらいです。

川村 ハハハ。ますます謙虚になりましたね。

森田 学ぶ姿勢がだいぶ身に付いてきました。ハハハ。

川村 森田さん、その調子です。ただ、いま「育ててもらいたい」という言葉がありましたよね。

森田 は、はい。

川村 僕はメンバーを育てた覚えは一度もないんです。

森田 えっ!? どういうことですか？ 川村さんは、たくさんのメンバーやマネジャーを育ててきたんですよね？

川村 はい。でも、育てたことはありません。勝手に育った……って感じですかね。

森田 勝手に育った？

川村 森田さんも、そうじゃないですか？ 元上司に、手取り足取り育ててもらったんでしたっけ？

森田　とんでもありません！　僕の場合は、自分で育ちました。

川村　ですよね。我々マネジャーができることは、メンバーが放っておいても育つくらいの、いい環境をつくることしかないんです。

森田　いい環境？

川村　はい。「それってどんな環境ですか？」と聞かれても、業界や会社、企業文化や営業スタイルによっても変わってきますから、一概に「こう」とは言い表せません。ただ、自分がいい環境をつくれているのかどうか、それを判断する明確なモノサシならお伝えできます。

森田　それって、なんですか!?

川村　たとえば、ちょっと想像してほしいんですけど、年度末の打ち上げの二次会でのメンバーとの会話です。

業績がふるわなかったメンバーに「今年一年、振り返ってどうだった？」と声をかけると、「川村さん、こんなにいいチームにいるのに、なんで僕はもっと結果を出せないんでしょう」と、半べそをかきながら悔しがったり、「川村さん、こんな最高のチームで働けているのに、どうして私はもう一歩追い込めないのか。本当に情けないです」と泣きじゃくったり。このメンバーたちの姿って、どう見えますか？

森田 そんなシーンなんて想像もつきません。普通は言い訳ばかりですから。

川村 ですよね。

森田 誰かのせいや、言い訳したりしないで、メンバー一人一人が、自分の責任だと感じているなんて。

川村 はい。営業がうまくいかない理由が、外ではなく内に、自分に矢印が向いている。それが僕の大切にしていた、メンバーにとっていい環境がつくれているかどうかのモノサシです。

森田 そのモノサシ、いただきます！

川村 はい、もちろん。使いこなせるなら、どうぞ。ハハハ。

森田 ハハハハ。……ですよね。

川村 森田さんもそんないい環境をつくれて、メンバーが順調に成長してくれたら、きっとこう感じることでしょう。

森田 どんなふうにですか？

川村 「無事に育ってくれて、ありがとう」って。

八 「やってほしいことはきちんと伝えています」それでメンバーは動いてくれていますか？

森田 ところで、川村さん。今日こうしてお話を聞いてきて、不思議に思っていることがあるんですけど。

川村 不思議？　なんでしょう？

森田 「つくろった日報を出させるくらいなら、やめてしまう」とか「メンバーの自立を妨げているようなら、ほったらかしておく」とか。いまも「メンバーを育てたことはない、勝手に育った」とおっしゃいました。こう言うと失礼かもしれませんが、マネジメントとしては相当ユルいと感じるんですけど……。

川村 ハハハ、やっぱりユルいですか。さっきも言いましたが、確かにザックリではあったと思います。で、不思議なことって、なんでしょう？

森田 そのザックリしたマネジメントでありながら、それでも結果としてメンバーが成長している。それだけの強いリーダーシップを発揮できているのは、なぜなんだろうかと……？

川村　リーダーシップ？

森田　はい。先ほど、電車の急病人の話でも出ましたけど、川村さんにとって、リーダーシップってなんですか？

川村　おっ、来ましたね。逆に、森田さんにとって、リーダーシップってなんですか？

森田　それは……、指導力とか統率力といったところではないでしょうか。

川村　それだけですかね？

森田　あとは……目標達成に向けて、しっかり方向性を示し、チームを一つにまとめて、ゴールへと導くような力ですかね。

川村　まあ、世の中のビジネス書にも、そんなことがよく書いてありますね。僕も、それが間違っているとは思っていません。どれも、リーダーに欠かせないことですから。

森田　でも、川村さんの考えるリーダーシップって、それらとはまた違っているんじゃないかと。

川村　ハハハ、鋭いですね。確かに森田さんが求めている答えではないと思います。

森田　いったい、なんなんですか？

川村　そんな意気込まないでください。森田さん、拍子抜けするかもしれませんから。

森田　ぜひ教えてください！

川村　リーダーがなにも言わなくても、メンバーにやってほしいと思うことをメンバー自らが先取りして、気持ちよくやってくれている。これが、究極のリーダーシップが発揮されている状態だと僕は考えています。

森田　なにも言わなくてもやってくれる!?　そんなのとても考えられないんですけど。私があれほど口酸っぱく言っていることすらやってくれないのに……。

川村　たとえば、どんなことを口酸っぱく言っているのですか？

森田　当たり前のことですけど、「約束を守ろう」とか「身だしなみを整えよう」っていうことから、「高い目標を持て」とか「もっと斬新な提案はないの」っていうことまで、他にもたくさんありますけど……。

川村　森田さん、意外といいこと言ってるじゃないですか。ハハハ。でも、それを言われたメンバーの気持ちって想像したことはあります？

森田　まあ、「また言ってるよ……」という感じでしょうか。

川村　ですよね。でも、メンバーの気持ちを代弁すると、こうじゃないですか。「約束を守れ？　ある程度は守ってますけど」「身だしなみを整えろ？　いまの若い人はこんなもんですよ」「高い目標を持て？　人並み程度には持ってるつもりですけど」「もっと斬新な提案をしろ？　先日も新しいアイデアつぶされましたよね」って。

森田　……。確かに、そうやって腹の中ではボヤいているのかもしれませんね。

川村　ですよね。メンバーが気持ちよくやってくれる状態とはほど遠いと思いませんか？

森田　は、はい。でも、川村さんのメンバーは、自ら先取りして、やってくれたんですよね。いったい、どんなマネジメントをしたらそうなるのか、その方法を教えてもらえませんか？

川村　方法ですか……？

森田　はい。

川村　残念ながら……、気持ちよくやってくれる方法は、ありません。

森田　えっ!?

川村　ただし、メンバーがしたくなる方法ならあります。

森田　メンバーがしたくなる方法……？　どんな方法なんですか？

川村　それは、マネジャーである森田さんが、気持ちよくやってる姿をまず見せることです。

森田　私がまず見せる？

川村　はい。森田さんがまず、誰よりも約束を守り、身だしなみを整えている。そして誰よりも高い目標を持ってチャレンジし、誰も考えつかない斬新な提案をして周りを驚かせている。どうです、やれていますか？

森田　……まあ、約束と身だしなみ程度は、なんとかできているつもりです。ただ、すべてにおいてはというと、まだまだ……。

川村　あら、森田さんも、そこに関しては意外とユルユル仲間だったんですね。ハハハ。

森田　……。

川村　でも森田さん、いきなり斬新な提案なんて、思いつきます？

森田　正直、なかなか簡単ではないと思います。

川村　だったら森田さん、気の利いた提案の一つもできないくらいなら、まずは雑用からやってみたらどうですか？

森田　えっ、雑用……!?　確かに今日のお話で自分の至らなさは十分に自覚していますけど、川村さんは私に雑用をやれと？

川村 いえいえ、この雑用が、またいいんですよ。

森田 雑用がいい？

川村 たとえば、シュレッダー。よく満杯になって、紙詰まりしてたりしません？

森田 はい、よく見る光景です。

川村 そんなとき、気付いたらすぐさま、紙くずを回収してごみ袋にまとめて、使いやすい状態にしておいたり。

森田 そんなことやってるんですか。

川村 メンバー全員で飲むために、ウォーターサーバーを置いてたんですけど、水が空っぽのまま放置されてることがけっこうあったんです。もちろんそれに気付いたら真っ先に、新しいタンクに交換したり。

森田 そんなことまでやってたんですか!?

川村 はい、もちろん。そういうことを何週間かやっていると、メンバーのほうから「川村さん、なにやってるんですか!?　私がやりますから」と駆け寄ってきます。それでも、すぐにはやらせません。

森田 え、どういうことでしょう？

川村　そのメンバーに言うんです。「やらせないよ〜。こんな楽しいこと。だってオレには、こんなことくらいしかできないから」って。数週間後には、気が付くとメンバーの誰かがやってくれるようになっていましたね。

森田　確かに、川村さんにそんなことはやらせておけないと、メンバーが進んでやるようになったことは、よくわかりました。でも、その雑用をやることとリーダーシップと、どういう関係があるんですか？

川村　いえいえ、この話にこそ、リーダーシップを感じてほしいんです。

森田　どういうことですか!?

川村　なぜメンバーがやってくれるのか。もちろん、上司に雑用なんてさせられないということもあるでしょう。でも、そんなことより、僕がその雑用を鼻歌交じりで楽しそうにやっている。だからこそ、それを見たメンバーも、ついやりたくなってしまうものではないでしょうか。

森田　楽しそうに？　ついやりたくなる？

川村　はい。雑用だけでなく、森田さんが高い目標を掲げて楽しそうにチャレンジすることで、森田さんがなにも言わなくても、メンバーは高い目標を掲げてチャレンジしたくなる。それって、リーダーシップでしょ。

森田　は、はい。すごくカッコいいです。

川村　そのカッコいいがメンバーの憧れとなり、「自分も森田さんのようになりたい！」と言う人が現れてくるんです。

森田　私のようになりたいと……。

川村　はい。それがメンバーの可能性を広げ、次なる優秀なマネジャーが育つ環境づくりにもつながるんです。

森田　私に憧れて、未来のマネジャーが育つだなんて。

川村　はい。

森田　……。うまく言えませんが、メンバー全員が川村さんについていく理由がわかったような気はします。

川村　それは良かったです。

森田　すぐにはマネできないと思いますけど、私もそんなリーダーになりたいです。まずは雑用からやってみます！

川村　ハハハ、その意気ですよ。

森田　……そういえば、先ほど川村さん、確かこう言いましたよね。「自分がもし、自分のメンバーだったら、きっとこうしてくれたらうれしいだろうなということを先回りしてやる」。それに対して、いまお聞きしたように「メンバーも川村さんがしてほしいことを先取りして気持ちよくやってくれている」。この二つの関係が生み出すものって、理屈では到底言い表せない、なにか芸術に近いものを感じるような。

川村 ハッハッハッ。「マネジメントは爆発だー」ですからね。ハハハ。

森田 ……ハハハ。

川村 あれ、森田さん、もう二時間ほど経ちましたよ。今日はこのあたりにしておきましょうか？

森田 すみません……、長居をさせてしまって。私が不出来なばっかりに……。

川村 森田さんが、もし六〇分で面談を終えていたとしたら、史上最短記録でしたよ。

森田 ハハハ、お恥ずかしい限りです。あの……、最後に一つだけよろしいでしょうか？

川村 もちろん。なんでしょう？

森田 川村さんは先ほど、「マネジャー＝会社」、良くも悪くも、最初の上司がその後のビジネスマン人生に大きく影響するとおっしゃいましたよね？

川村 はい。

森田 そのことが、今日お話しをしながら、ずっと頭に引っかかっていたんです。

川村 と、言いますと？

森田 私のメンバー時代のマネジャーは、かなり豪放なタイプだったんです。普段は細かいことは言いませんが、サボっているメンバーや結果を出せないメンバーにはすごく厳しくて、怒鳴り声がオフィス中に響いていました。

川村 なんだか、若かりし頃の僕のことを言われてる気もしますけど、ハハハ。

森田 いえいえ、川村さんとはまったく違いますよ。なにひとつとして、ロクに教えてもらった記憶もありません。いつも、ほったらかされていました。

川村 それだけ森田さんは、手のかからない優秀な営業パーソンだったということじゃないですか。契約が決まったときも、なにも言われなかったんですか？

森田 そんなときだけは、オフィスに戻るなり駆け寄ってきて、私の肩をバシバシと叩きながら「よくやった」と言ってはくれましたけど。まあ、喜怒哀楽が激しいというか、気分屋というか……。

川村 森田さんはそう感じていたんですね。

森田 メンバー全員がそう思っていましたよ。だから私は、自分がマネジャーになったら、あの人のようには絶対にならないって、心に決めていたんです。

川村　そうだったんですね……。

森田　でも、今日こうして川村さんと話していて、気付いたんです。業績のよくないメンバーやトラブルを起こしたメンバーをつい追い詰めてしまっていたと。怒鳴り散らすことはないにしても、結局は私も、あの人と同じようなことをメンバーにしてきたんだなって……。

川村　よく気付いてくれましたね。

森田　は、はい。「ああはなるまい」と思っていたのに……。

川村　でも森田さん、普段は細かな管理をしないで自由にやらせてくれて、契約が決まったら「森田、おめでとう！　よくやったなー！」って一緒に喜んでくれる。それって、じつは森田さんにとって、最高のマネジャーだったんじゃないですか。

森田　……。

川村　その上司の方って、いまの営業本部長ですよね。

森田　えっ!?

川村　じつは、今回こうして森田さんを訪ねたのも、本部長が社長に相談したのがきっかけなんです。

森田　あの本部長が……？

川村　森田さんのことが、よほどかわいいんでしょうね。先日、社長と三人でお会いしたときも言ってましたよ。「あいつは、もっとできる人間なんです。業績ナンバーワンなんかで満足せずに、さらに上を目指してほしい」って。

森田　……。

川村　初対面の僕に深々と頭を下げて、こうおっしゃいました。「川村さん、会えばわかると思いますけど、森田は一見クールな印象を受けるかもしれませんが、不動産ビジネスに対しても、会社に対しても、なによりメンバーに対しても、愛情というか、内に秘めた熱い思いを持っている人間なんです。もう一皮二皮剝けたら、もっとすごいマネジャーになると思います。どうか、森田をよろしくお願いします！」って。あんなにもメンバーへの愛情にあふれた方にお会いしたのって、すごく久しぶりでした。

森田　そんなことを言ってくれたんですか!?　あの本部長が……。

川村　はい。社長室を出て、オフィスの玄関まで見送ってくれたとき、僕のすぐ隣で遠くを見つめながら、独り言のようにこんなこともおっしゃっていました。

森田　「あいつがメンバーだった当時からずっと、私のことを嫌っていたのはよくわかっていました。でも、マネジャーという仕事までは嫌いにならずに、私と同じ道を歩き始めてくれて、私とはまったく違うスタイルで、私をゆうに超える結果を出し続けてくれている。ありがたいことです……」って。

川村　……。

森田　僕も遠くを見ながら、「本部長は幸せ者ですね」と、独り言のようにつぶやいちゃってました。

川村　……。

森田　本部長も森田さんも、幸せ者ですね。

川村　ありがとうございます。

森田　ところで、森田さんが持ってる、その熱い思いとやらを、そろそろ内に秘めるのをやめたらどうですか。

川村　えっ？

森田　だって、もったいないでしょ。内に秘めていて、メンバーに伝わらなかったら。秘めようとしても、ついあふれ出てしまう情熱でお願いします。

森田　は、はい、やってみたいと思います。

川村　えっ？　みたいと思います……？

森田　やります！　川村さんのように。本部長のように。

一

「ビジョンは目立つところに貼っています」それでメンバーに浸透していますか?

✕ビジョンは、現場に浸透しづらいものだと思い込んでいる。

◎ビジョンを自分の言葉で語り、メンバーと共有する。

二

「マネジャーとして謙虚でありたい」その謙虚とはいったいなんですか?

✕謙虚さとは、出しゃばらないことである。

◎謙虚さとは、学ぶ姿勢を持ち続けることである。

三

「会社の代表はあくまで社長」メンバーは本当にそう思っているのですか?

✕メンバーが会社をどう見るかは、社長や役員に任せている。

◎メンバーにとっては、マネジャーが会社の顔そのものである。

四

「悪い話こそ、きちんと報告してほしい」それで偽りのない報告が上がってきていますか？

✕うまくいってない報告を受けたら、厳しく注意している。

◎**うまくいってないことを伝えてくれたら、感謝している。**

五

「活動管理は細かくやっています」それはなんのため、誰のためですか？

✕メンバーには毎日必ず、日報を出させている。

◎**日報を含め、お互いの負担はできるだけ少なくしている。**

六

「メンバーを守ることこそが私の務めです」それでメンバーの何が守られるんですか？

✕社内調整やクレーム同行などで、メンバーを守っている。

◎**過保護にせず、自ら解決させることで、メンバーを自立させている。**

七

「メンバーの立場で考えるようにはしています」
それで本当にメンバーの気持ちになれていますか？

×いつもメンバー目線のつもりでいる。

◎自分がもし、自分のメンバーだったらと常に考えている。

八

「やってほしいことはきちんと伝えています」それでメンバーは動いてくれていますか？

×やってほしいことは、口酸っぱく言っている。

◎メンバーがしたくなるよう、自ら楽しそうにやる姿を見せている。

第四章

三人のマネジャーと、そのメンバーの一年後

変化による違和感の向こうに

一　山口さんとの再会

前回から約一年後、山口が二回めの個人コンサルティングを申し込んできた。依頼メールには、こんな一文が書かれていた。

「川村さんの言う通りにやったら、とんでもないことになっているんですよ！　私はこの先、どうすればいいんでしょうか？」と、さらに悩みを深めているようだった。

山口　川村さん、ご無沙汰してます！

川村　あら、山口さん、だいぶ雰囲気変わりましたね。

山口　わかりました？　まず形から入ろうと思って、スーツもシャツもネクタイも、靴もカバンも新調して、おまけに髪型まで。

川村　ほぉ〜。

山口　どうですか？　僕の平生、磨けてます？

川村　別人のようにビシッとしてますよ。

山口　川村さんにそう言っていただけると、ちょっと喜んじゃいますけど。

川村　ハハハ。今日も約束の一五分前には着いていたみたいですね。

山口　見た目だけじゃなく、行動も変えないと意味がありませんから。

川村　はい、その通りです。ただ、マネジャーである山口さんが変わったことで、チームのメンバーはどう変わったのか、そこが一番知りたいですね。

山口　まさに、そこなんですよ！　メンバーがどんどん変わっちゃって、もう、てんやわんやで……。

川村　てんやわんや？　まあまあ、そう慌てないで。時間はたっぷりありますから。で、メンバーはどんなふうに変わったんですか？

山口　それが聞いてくださいよ。いろいろ大変なことになってまして。

川村　いろいろ大変なこと？　たとえばどんなことですか？

山口　たとえば、「ちょっといい？」ってメンバーの隣に座って話しかけると、最初の頃はすごく気持ち悪がられて、最近では「山口さん、仕事の邪魔になるんで、自分の席に戻ってもらえますか」って言われるようになったり……。

川村　ハハハ。

山口　川村さんに教わった通りに、今月の数字が厳しそうなメンバーに「来月の見込みはどんな感じ?」って私が心配して聞くと、「えっ、山口さん、もう今月はあきらめろってことですか!?　僕はまだまだ今週も来週も追い込みますよ!」って、逆に一喝されたり……。

川村　ハハハ。

山口　私がモチベーションを上げてる姿を見せなきゃと張り切ると、「そんなに鼻息荒くならなくても、僕らが頑張りますから」って鎮められたり……。

川村　今日もちょっと鼻息荒めですけどね、ハハハハ。

山口　真面目に聞いてくださいよ!　「指示待ち人間じゃなくて指示出し人間になろうよ」って話もありましたよね。それが間違って伝わったのかもしれませんが、メンバーが自分自身には出さないで、「山口さん、もっと、こうしたほうがいいですよ」って、私に指示を出すようになってきちゃったり……。

川村　ハハハハハ、なかなか頼もしいじゃないですか。

山口　ちょっと川村さん、笑いごとじゃないんですよ!　最近では逆にメンバーのほうから「ちょっといいですか?」って話しかけてくることも増えてきて……。

川村　いいじゃないですか。

山口　でもそれが、ほとんど世間話みたいなもので、そんなのに付き合ってたら、まったく仕事になりませんよ。

川村　いえいえ、山口さん。すごく良くなってるじゃないですか。

山口　えっ？　どこがいいんですか？

川村　メンバーとのコミュニケーションそのものが、かなり良くなってると感じるんですけど。

山口　いえいえ。私が言いたいのは、川村さんから教えられた通りにやったら、とんでもない状態になってるってことなんです。いつしかメンバーから「やまピー」呼ばわりまでされてるんですよ。もう違和感しかありませんし、コツコツと積み上げてきた私の威厳が丸つぶれじゃないですか！

川村　い、威厳？　山口さん、そんなたいそうなもの、積み上げてましたっけ？

山口　私なりにはあったんです！

川村　ハハハ。気が付かなくてごめんなさい。

山口　……。川村さんまで、私をそうやってイジるんですか。

川村　いえ。ただ、お世辞抜きで、いい状態になっていますよ。

山口　……。そうやってまた私を混乱させて、なにかに気付かせようとしているんでしょうけど、もうその手には乗りませんよ。

川村 ハハハ。山口さん節、相変わらず絶好調ですね。

山口 絶好調なんかじゃないですよ。もう、ほうれんそう状態なんですから。

川村 ほうれんそう？　あの、お宝に、恋して、創る……〈宝恋創〉ですか？

山口 違いますよ。私のプライドはガタガタに崩壊して、メンバーからイジられツッコまれる鍛錬の日々で、もはや修行僧のような境地っていう、まさに〈崩錬僧〉です。

川村 ハハハハハ。山口さん、なかなか言葉のセンスありますね。見込みありますよ！

山口 またそうやってイジるんですか。もういいですから！

川村 ハハハ。でも、マネジャーなんて、イジられてナンボでしょ。

山口 イジられてナンボ……？

川村 「あーあ、山口さん、また空回りしてるよ。仕方ないから、オレたちいっちょう頑張ってやるか」って、メンバーから担がれるのって、どうですか？

山口 そんな担がれ方なんて、ありなんですか？

川村 はい。世の中にはいろんなタイプのマネジャーがいていいんです。メンバーからイジられ、担がれるのも山口さんの持ち味であり、他の人にはない強みなんです。

山口 イジられ、担がれる……が、他の人にはない強み……。

川村 そう、それを自分の武器にできるようになったら、結構なレベルのマネジャーになっていると思いますよ。

山口 じゃあ川村さんは、いまの私とメンバーとの関係性は、問題ないと言うんですか？

川村 はい。微笑ましいくらい、いい状態ですよ。

山口 ……ちょっと安心しました。

川村 ところで、山口さん自身、うまくいったと感じていることって、なにかないんですか？

山口 まあ、これを最初に言えば良かったんですけど、川村さんに感謝していることが一つあるんです。

川村 あら、なんでしょう？

山口 はい。前回お会いした直後に、まずはメンバー全員の個別面談をやってみたんです。

川村 そうだったんですね。メンバーのみなさん、反応はどうでした?

山口 手探りでやってみた割には、想像以上に良かったです。「なんでこの仕事を選んだのか? どんな人生にしていきたいのか? そんなこと聞いてくれたのは山口さんが初めてです」って。何人かは涙を浮かべたりもしていましたから。

川村 ほぉ。

山口 思わず私も、もらい泣きしちゃって……。

川村 山口さんらしいですね。

山口 一人一人が熱く語ってくれるのを聞くたびに、「自分はみんなのことをなにも知らなかったんだな」って、本当に気付かされました。個別面談のおかげで、メンバーとの距離が一気に縮まったと思います。

川村 しかし、山口さん変わりましたね。前回は「部下」って言っていたのに、いまは「メンバー」って普通に呼ぶようになってるじゃないですか。さすがです。

山口 あのあと、そういえば川村さんは部下のことをメンバーって言ってたな……って。そのほうがカッコいいと思ったんです。

川村 カッコいいかどうかは置いといて、こちらも聞いていていて、断然気持ちいいですよ。

山口　ありがとうございます！
川村　ところで、前回お会いしたときに、気持ちよくない言葉もあったんですけど、それはどうなったんですかね？
山口　えっ、私、なにか変なこと言っちゃってました？
川村　はい。しっかり耳に残っていますよ「とにかく私は、部下に恵まれていないんです」と。
山口　えっ!?　そんなこと私、言ってたんですか。
川村　はい……。
山口　川村さん、謹んで撤回させていただきます！
川村　どんなふうに？
山口　はい、うちのメンバーはみんな、ホント、頑張り屋ばっかりなんです！
川村　ハハハハハ。それを聞いて安心しました。そんなにいいメンバーに担がれっぱなしじゃ山口さんとしても歯がゆいでしょうから、少しは引っ張っていけるリーダーになれるよう、今日はさらに厳しい修業といきますか。
山口　は、はいっ！

㊁ 香坂さんからのメール

コンサルから一年後、香坂からのメールが川村に届いた。そこには、公私ともに大きな変化を遂げた、彼女の思いが綴られていた。

差出人　kosaka.xxx@xxxxxxx.com
送信日　〇〇〇〇年一月二六日
受取人　kazuyoshi.kawamura@xxxxxxx.com
件名　　ごぶさたしております

川村さん

その節はありがとうございました。早いもので、あれから一年が経ちました。すっかりごぶさたしてしまい、申し訳ございません。ただ、なにか事あるたびにご連絡差し上げるのもご迷惑になるでしょうから、私とチームについてのご報告は、一年という節目のタイミングにしようと決めていました。

まずは私事になりますが、きっと川村さんが驚くようなニュースを一つ。

私のおなかの中には九か月になる赤ちゃんがいて、来月から約一年間の産休・育休に入ります！　一年前にはまだ独身だったのに、自分でも不思議な思いでいます。でも、これも川村さんが授けてくださったようなものなのです。

と申しますのは、じつはあのコンサルのインパクトが強烈すぎたせいか、もともと期末という時期で心身ともに無理をしていたせいか、川村さんとお会いした翌日から、一週間ほど寝込んでしまいました（笑）。

そのときに、彼が毎晩、看病に駆け付けてくれたのです。慣れない料理をつくってくれて、私が眠りにつくまでそばにいてくれて、夜中にふと目を覚ますと仕事の資料を手にソファで寝落ちしていました。そんな彼の姿を見て、「この人と一緒に生きていきたい」という気持ちがますます強くなったのです。

「逆に、オレが寝込んだときはよろしくな」

これがプロポーズの言葉でした。それからトントン拍子に話が進んで入籍し、新しい部屋に引っ越して同居し、赤ちゃんも授かりました。

本題になりますが、仕事はおかげさまで、なんとか順調です。

体調が戻ってすぐ、期初のキックオフミーティングを半日がかりで行いました。その冒頭、川村さんから気付かされた私の至らなさをそのままメンバーに伝え、頭を下げて謝ったのです。「これまで、ごめんなさい」。

そして、こう言いました。「私は変わります！」「業績一番のチームを目指すのではなく、最高のチームをつくりたい！」と。

突然の私の言葉に、二、三人のメンバーは目を潤ませていましたが、大半のメンバーはどう受け止めたらいいのか……という戸惑いの表情でした。私は一人一人の目を真っ直ぐに見ながら、こう続けました。

「最高のチームをつくるために、私は〝絶対に使わない言葉〟宣言をします」

一つ。ロープレのときに「何度言ったらわかるの！」とは二度と言いません。「ごめんね。私の伝え方がよくなかったよね」という言い方に変えて、必ずその場でお手本を見せるようにします。こう言うと、何人かのメンバーからクスクスと笑い声が漏れ、本当によく言ってしまっていたんだな……と恥ずかしくなりました。

一つ。「頼んだわよ！　期待してるからね！」とは二度と言いません。メンバーの結果に一喜一憂することなく、「必ずこの仕事で成功したい、成長したい」と願っているみんなの思いを信頼します。

一つ。「同行したときは全部、私が決めてあげるから」とは二度と言いません。商談前日までに、メンバーと一緒に本番さながらのロープレをして、商談当日はメンバーの自立を最優先して、サポートに徹します。つまりは、一件の契約よりも、メンバーの成長に重きを置きます。

そのあとにもいくつかの宣言をして、最後に私はこう言いました。

一つ。「あなたたち、なんでそんなに売れないの！」とは二度と言いません。

なぜなら、私はこれまでマネジャーは管理する人、メンバーは売る人と考えていた節がありました。でも、みんなは私の代わりに、苦労してお客様を探して見つけて、何度も断られながらも、契約を決めてくれているってことに、やっと気付けたのです。

それなのに、売れないことをみんなのせいにしていたなんて、本当にごめんなさい……。みんなが売れていないってことは、私が売れていないってこと。これからは、「じゃあ、どうやったら売れるのかを一緒に考えよう」を実践していきます。

私がそう言い終わると、一瞬シーンと静まり返ったあとに、誰からともなく拍手が起こって、メンバーの大半はポロポロと涙を流していて、私も思わず大泣きしていました。お互いに涙で顔をぐしゃぐしゃにしながら、「私、変わるから、よろしくね」「私たちこそ、変わります」と、肩を抱き合ったり手を取り合ったりしていたのです。

やがて、一人のメンバーが、少しおどけ気味にこう言いました。「香坂さん、素敵なマネジャーに、ぜひ変わってください。でも、全然期待していません。すぐに変わらなくても、私たちは信頼しますから」

そこで大きな笑いが起こって、私が変わるための宣言は無事に終わりました。

私にとって大きな支えになったのは、チームの稼ぎ頭である立花さんの存在でした。キックオフの日の帰り際、エレベータホールでこう言ってくださったのです。

「香坂さん、あの宣言にはシビれた。なかなかできるものじゃないよ。本当に勇気があったね。私にできることがあったら協力するから、なんでも言ってね」

（この日以来、立花さんの遅刻は一度もありません）

こうして、いいスタートを切れた今期は、もうすごいことになっています。私がみんなへの宣言を実践し続けたのはもちろんですが、立花さんが後輩の良きお手本になり、チーム一丸となって頑張ってくれたおかげだと思っています。

チームの雰囲気も良くなり、しっかり数字もついてきてくれていますが、一番大きな変化として表れたのは、採用活動なんです。

メンバーみんなが「うちのチームは最高だから！　最高のマネジャーと一緒に働いてみない？　一度、遊びに来たらどう」と、候補者を次々に連れてきてくれます。おかげさまで、メンバーの数は一年前の二倍近くにまでなりました。

以前からいるベテランの事務スタッフの方に、「前までの香坂さんだったら、面接を受ける前に、候補者のほうからビビッて断ってきましたよね。そのくらいおっかないイメージだった香坂さんが、内面も見た目も柔らかいイメージに変わりましたから」って、冗談っぽく言われました。

また今年も期末の追い込みを迎える大事なときに、約一年間もチームを離れてしまうのは申し訳ないことで、おめでたい理由とはいえ、少し複雑な思いです。幸いなことに両親が近くにいますからサポートをお願いしていますが、これまでと同じような働き方はできません。なにより、私自身の気持ちが、メンバーよりも子どもに向いてしまうのではないか？などと、あれこれ思いが巡ってしまっています。

追伸

とりとめのないメールで、申し訳ございません。久しぶりに川村さんにコンタクトをとることになり、ついつい良いことばかりの報告になりましたが、じつは現状まだまだうまくいっていないこともたくさんあります。

とくに、私自身、変わると言っておきながら、メンバーの問題を一〇〇パーセント自分事と捉えることがなかなかできず、つい厳しめの言葉を使ってしまったり、まだまだメンバーへの期待が抜けきらなかったりしてもいます。

深いモヤに迷い込んでしまう前に、一度ご相談させていただけませんでしょうか。

もし川村さんのお時間が許すようでしたら、今月のどこかでランチでもどうでしょう？　お忙しいようでしたら、産休・育休明けでも大丈夫です。

差出人　kazuyoshi.kawamura@xxxxxxx.com
送信日　○○○○年一月二六日
受取人　kosaka.xxx@xxxxxxx.com
件名　Re: ごぶさたしております

香坂さん

ご連絡ありがとうございました。まずは、入籍され出産も間近ということで、おめでとうございます。しかも、僕のコンサルで寝込んだのがきっかけとは、キューピットになれたようで、うれしさもひとしおです（笑）。

ランチのお誘い、喜んでお願いします。モヤを吹き飛ばせるほどの話ができるかどうかはわかりませんが……。×日か×日はどうでしょう?

とりいそぎ一つだけ。

キックオフでのメンバーへの宣言、感動しました。メールを読んだ瞬間、僕も思わず、もらい泣きしていました。

「これまで、ごめんなさい」と言えた香坂さんの強さ、すごいなと思います。メンバーとのコミュニケーションにおいて、こういうやり方もあったんだ! と、僕自身が学ばせてもらいました。ありがとうございます。本当に、よく頑張りましたね。

一年前にお会いしたのは、女性支社長育成プロジェクトの一環でしたね。近い将来、初となるママさん支社長が誕生ということになれば、メンバーのみなさんも一緒に喜んでくれることでしょう。社内外の多くの女性にも、勇気を与えられるリーダーになってください。

スタッフの方から「以前のおっかないイメージから、柔らかいイメージに変わった」と言われたとのこと(笑)。そんな香坂さんに会えるのを楽しみにしています!

㊂ 森田さんの会社の社長からの手紙

コンサルから一年後、森田の会社の社長から、手紙が届いた。森田本人の変化、メンバーの受け止め、本部長との関係など、うまくいっていることと、そうではないことが記されていた。


拝啓　春たけなわの頃となり、ますますご隆盛のことと存じます。

川村さんに初めてお目にかかってから一年あまり、あのあとも三か月に一度、森田がお世話になっているようで、ありがとうございます。

私は大変ご無沙汰しておりますが、新年度のスタート早々、非常にうれしく感じることがございましたので、筆を取りました。

弊社では先日、今期のキックオフミーティングを開催いたしました。例年ですと、全社員を前に私が訓示を述べ、昨年は会社のビジョンについても発表しましたが、今年は少し違いました。開催日の半月ほど前、森田からこんな申し出を受けたのです。

「社長、キックオフではぜひ、私にビジョンを語らせてもらえませんか」

以前は前に出るタイプではなかったのに、自ら手を挙げてくれたのです。私はうれしくてたまらない気持ちを抑えながら、あえて言いました。

「森田、その気持ちはすごくうれしいんだけど、正直、簡単じゃないぞ。昨年のことはお前も知ってるだろう。俺なりに一生懸命に伝えたけど、社員たちはポカンとしてたものな。その後も全社員にビジョンが浸透したとも思えないし……」

「はい、社長。だからこそ、私がやりたいのです。浸透していないのは、社長のせいではありません。メンバーの一番近くにいる私たち現場のリーダーが、自らの言葉でビジョンを語ってこなかったからです。まずは僕が、キックオフの場で先陣を切って、それが他のリーダーたちにも広がっていけばと考えています」

この言葉を聞いて、私の表情は一気に崩れたと思います。快諾したのは言うまでもありません。

そして、キックオフ当日。私の訓示に続いて、森田の出番がやってきました。彼が登壇すると、社員はもちろん、他のマネジャーたちからも、戸惑いともとれるざわめきが起きます。それでも森田は意に介さず、マイクを手にすると、開口一番、こう言いました。

「みなさん、目を閉じてください。この中で、会社のビジョンをしっかり語れるという人は手を挙げてください」

私は薄目を開けて見守っていましたが、約一五〇人の社員のうち五分の一ほどが手を挙げていました。森田は続けて、こう言います。

「では、いま手を挙げてくれた人の中で、会社のビジョンを自分の言葉として、日々語っている人はいますか?」

挙手の数は一気に減って、ほんの数人程度になりました。森田はさらに言います。

「会社のビジョンを日々の仕事の中で実践している人はいますか?」

会場はシーンと静まり返りました。

「では、目を開けてください。最後の質問に手を挙げた人はゼロでした。みなさん、ビジョンはなんのためにあるのでしょう。掲げるためにあるのですか? 日々実践するためにあるんですか? もちろん後者ですよね。語ってナンボ、実践してナンボでしょ! うちの社員全員が、理想に向かって日々語り、実践できるように、いまから私が、私なりの解釈で、私の言葉でビジョンを語ります」
数人から拍手がパチパチと起こり、やがて会場全体が大きな拍手に包まれました。

そこまでは良かったのですが、私が以前聞かされたことのあるお客様とのエピソードになったとき、森田に異変が起きました。森田が新人時代にご契約いただいた、二〇代後半の独身男性が事故でお亡くなりになった際、名義変更の手続きのために初めてお会いした親御さんから「そんな不動産なんて知らん。手続きしたら息子が帰ってくるんですか！」と森田は追い返されてしまいました。

ここまでのエピソードを話したところで、森田は泣き崩れてしまい、続きを話せなくなったのです。私はすぐに駆け寄って壇上から降ろし、うずくまっている森田からバトンを受け取りました。きっと、「もっとも信頼されるパートナーになる」というところの話をしたかったのでしょう。その後、森田がとった行動を私から社員に話しました。

亡くなった男性との出会い、物件のどこを気に入ったのか、購入した目的はなんだったのか、この先叶えたい夢はなんだったのか、「親孝行の一つもしていないので、万が一のときは、一番迷惑をかけたお母さんに、なにか残したいんです」と話してくれたこと。それを伝えると、「そんな思いで、息子はこの物件を買ってくれていたんですね」と、お母さんもお父さんも目に涙を浮かべながら、森田の手をギュッと握ってくれたのです。

「森田はこのエピソードから、ただ単に不動産を売るのではなく、お客様の夢や思いを実現するのが我々の仕事なんだ。それがまさにビジョンの実現なんだと伝えたかったんだ」と、私は会場の社員たちに伝えました。

その場にいた社員たちには、心に響いたのではないかと思います。

ただ、一部のマネジャーからは、森田のプレゼンに対して、「慣れないことするからだよ」「出しゃばるとこうなっちゃうよね」と、心ない声も聞こえてきました。しかし、そこは後のマネジャーミーティングにおいて「なんのチャレンジもしていない人間が、評論家になる資格なんてないんだ」と一蹴しました。

ただ、マネジャーの中で、一人だけ違った行動をとった人がいました。キックオフが終わり、肩を落として会場を出ていこうとする森田のところに本部長が駆け寄っていき、こう声をかけていました。

「森田、おつかれ！　お前のスピーチ、俺は、すごく良かったと思うぞ！　ただ、あの目を閉じてくださいってやつ、途中で寝そうになったわ、ガハハハ」

その後、森田は落ち込むと思いきや、「新しいことに挑戦しようとすれば、失敗することもありますよね」と、逆に一皮剥けたように感じます。

前期、森田のチームは二位の成績で終わり、初めて一位を逃しました。私も心配になり、森田が不在のとき、メンバーをつかまえて「最近、チームはどうだ？」と聞くようにしていました。

「最近、森田さん、日報をなくしたり、活動管理もユルくて、すごく自由にのびのびやらせてもらっていますよ」という中堅・ベテランの声がある一方、新人や若手が相談に行くと「あなたはどうしたいの？　もう一度、考えをまとめてから持ってきて」と、突き放されることも多く、少し負担にはなっているようです。

また、社内でのバッティングでは、事情は聞くものの「今回は相手に譲ったらどうだ？」「最後はお客さんが決めることだから、当人同士で解決しなさい」という素っ気ない対応に不満を持つメンバーがいたり、顧客とのトラブルにはいっさい出ていかずに「自分で解決してきなさい」と言われ、何度もお客さんのところに通って頭を下げたりしているメンバーもいたりするようです。

このようなメンバーの声を聞いた上で、森田の心中はいかに？と思い、声をかけてみると、本人はあっけらかんとしていて、「社長、大丈夫ですから、心配しないでください。コミュニケーションの量と質は格段に上がってきていますから」という生意気な口を叩くほどですから、いまは少しホッとしています。

そうしたマネジメントの結果が着実に出始めてきたのか、今期が始まってまだ一か月足らずですが、森田のチームが非常にいいスタートダッシュを切っています。

森田が変わることで、メンバーが変わり、チームが変わり、他のマネジャーたちや本部長が変わり、そして私が変わる。そうなれば、うちはビジョンに描いた通りの最高の会社になれると確信しています。今後とも、川村さんにはお力をお借りできれば幸いです。

追伸

つい先日、キックオフでのスピーチのねぎらいも兼ねて、森田を食事に誘いました。

その席で、私の大好きな日本酒に付き合ってもらったこともあってでしょうか、森田はいつになく口が滑らかでした。自分のマネジメントについて、会社の将来について、お互いの思いをぶつけ合いながらひとしきり語り合ったあと、私は独り言のようにつぶやきました。

「この会社を興して二十五年。手を抜かずに頑張ってはきたものの、新人はなかなか育たないし、マネジャー連中もまだまだ心もとないし、安心して任せられる後継者もさっぱり現れてこないし、競合他社もどんどん力をつけてきてるし……。いつになったら肩の荷を下ろせるんだろうか……」

口元に運びかけていたお猪口をテーブルに置き、「でも、そんなもんじゃないですか。だって、社長……」と森田がさらっと言った言葉、おそらく川村さんの受け売りですかね。

「マネジメントに、終わりはありませんから」

おわりに

どうでしたか？　三人のマネジャーとの対話の中に、あなたのメンバーにとっての正解は、いくつ見つかったでしょうか。

Communicationを英和辞書でひくと、こう書かれています。「情報、連絡、伝達」「メッセージ、手紙」「意思疎通、感情的つながり」。すべて言葉の意味として適切であるとは思いますが、僕が訳すとすれば「信頼関係」となります。

これまでずっと、「メンバーとのコミュニケーションはとれているか？」＝「メンバーとの信頼関係はできているか？」という問いを繰り返してきました。マネジャーであれば誰もが悩むであろうこの問いに対して、「僕が経験してきたこと、気付いてきたことを少しでも伝えられたら」と、書き始めたのが本書です。

ちまたでは、「心理的安全性の高いチームをつくろう！」というかけ声が聞かれるようになってきました。組織やチームにおいて、素直な意見、素朴な質問、違和感の指摘が、いつでも、誰もが気兼ねなく言える状態だと、僕は解釈しています。

たとえば第一章の山口さんの場合なら、コミュニケーションの取り方を変えることによって、メンバーからの本音の意見や指示が増え、果てにはイジられるまでになってくる。

第二章の香坂さんが、深々と頭を下げながら「わたし変わります宣言」をしたことで、メンバーとの距離が一気に縮まり、「香坂さんが変われるなんて期待してませんけど、信頼してますよ」と、チーム全体で笑いが起こる。

第三章の森田さんが、気合いを入れてスピーチしてズッコケている姿を見せることによって、メンバーが「あ、失敗してもいいんだ」と、新しいことに挑戦したくなってくる。

どれも、明らかに、心理的安全性の高いチームでしか見られない状態です。

コミュニケーションの質を高めることによって信頼関係が強くなり、その結果として定着率を高めるだけなく、メンバー一人一人のパフォーマンスを高め、チームの力を高めていくのです。

本書の対話相手として登場した三人のマネジャーは、キャリアも性格もそれぞれ異なりますが、じつは若い頃の僕そのものです。山口さん、香坂さん、森田さんがついやってしまう言動も、抱えている問題や悩みも、僕自身がすべて経験してきたことでした。

振り返ると恥ずかしくなってしまいますが、三人の課題や悩みを「いまの僕ならどうやって乗り越えていくのか」と考え、いきなり正解を伝えるのではなく、大事なことは相手に気付いてもらえるよう問いかけを重ねていく。

こうした本書のやりとり自体が、メンバーとコミュニケーションする上でのヒントになればと思っています。

「メンバーの失敗は、マネジャーの責任」
「メンバーの成功は、メンバーの実力」
「マネジャーの成功は、メンバーのおかげ」

僕が新人マネジャーの頃に、先輩から教わった言葉です。なんて不平等な関係なんでしょう!?

ただ、これがコミュニケーションにとって欠かせない考え方であると気付いたとき、それまでメンバーと同じ土俵で砂まみれの稽古だけをしていた関係から、床の間にドシッと構えて座っている親方のように、ときにチームを俯瞰して見れるようになり、むしろ楽しめるようになってきました。

そんな僕も、山口さんも、香坂さんも、森田さんも、一人一人の持ち味、マネジャーとして、チームとして抱えている課題もそれぞれです。当然、チャレンジの仕方も、その先に辿り着くチームの姿もまた、さまざま。ただ、みんな理想に向かって可能性を広げようとしています。

あなたも、僕たちと一緒に、チャレンジしませんか。

どこにもいない、他の誰でもない、あなた自身がメンバーとして働きたくなるマネジャーになることを応援しています。

＊

自分はメンバーとうまくやれているか？と感じたとき、僕はよく、一軒の街中華に足を運んでいました。「日本一美味しいだけではなく、日本一コミュ力が高い」と評判のお母さんに背筋を伸ばされ、気持ちよくラーメンを食べたら、なぜかすっきりして仕事へと戻れたのです。

あなたとメンバーとのコミュニケーションが変わり、チームが変わったあかつきには、東京・白金高輪にある天山飯店で、ぜひ一杯やりましょう!

川村和義

二〇二四年初春

コミュニケーションを変えればチームが変わる
3人のマネジャーとの対話から探り出す「メンバーの正解」とは?

2024年2月15日　初版発行

著者　川村和義
発行者　菅沼博道
発行所　株式会社 CCCメディアハウス
〒141-8205 東京都品川区上大崎3丁目1番1号
電話　販売 049-293-9553　編集 03-5436-5735
http://books.cccmh.co.jp

編集協力　神谷竜太
ブックデザイン　吉村朋子
DTP　有限会社マーリンクレイン
校正　株式会社文字工房燦光

印刷・製本　図書印刷株式会社

ISBN 978-4-484-22249-3